W0375028

BEGEGNUNG MIT DEM HORIZONT

TASMANIEN

INSEL AM ENDE DER WELT

Bei unserer Annäherung an Van-Diemens-Land [Tasmanien] hatten wir viel schlechtes Wetter mit Hagel und Schnee, und nichts deutete uns die Nähe der Küste an außer einer Robbe, als wir noch zwanzig Seemeilen vom Lande entfernt waren. Der Nordwestwind wehte sehr heftig, als wir aber den Newstone, einen hohen, steilen Felsen am Südwestkap, umschifft hatten, waren wir gegen die hoch vom Westen her kommende See geschützt. Abends lag das Südkap vor uns, und wir sichteten einige Feuer auf dem Lande.

Captain William Bligh, Meuterei auf der Bounty [1788]

Blick auf die paradiesisch schöne Wineglass Bay mit ihrem langen Sandstrand im Freycinet National Park an der Ostküste Tasmaniens.

Der Mount Field National Park ist für seine üppigen Regenwälder und die zahlreichen Wasserfälle bekannt. Im Bild die Horseshoe Falls.

Mehrere Kilometer führt der South Coast Track am Strand der Prion Bay an der Südküste Tasmaniens entlang.

BEGEGNUNG MIT DEM HORIZONT

TASMANIEN

INSEL AM ENDE DER WELT

Fotos Clemens Emmler
Florentine Schwabbauer
Text Karl Maute

Bucher

INHALT

Seite 1: Am Prion Beach, Südküste Tasmanien. – Links: Farbenfroher Green Rosella, eine Papageienart. – Mitte: Lake Dove im Cradle Mountain-Lake St. Clair National Park. – Rechts: Hopfenernte bei Bushy Park.

Schroffe Felsküsten, nebelverhangene Berge, unerforschte Regenwälder, aber auch weiße Sandstrände, kleine Fischerdörfer und beschauliche Städte – Tasmanien, »Australiens grünes Paradies«, ist ein Reiseziel von außergewöhnlicher Vielfalt.

REISEN IN TASMANIEN 62

Karl Maute

Farmland in der Nähe von Sheffield. Im Hintergrund erhebt sich der 1231 Meter hohe Mount Roland.

Vom Mount Nelson fällt der Blick auf Hobart, das an einem der schönsten Naturhäfen der Welt liegt.

AM ANDEREN ENDE DER WELT

Tasmanier sind stolz auf ihre Insel – und auf ihre britische Herkunft. Dieser Farmer steht inmitten von «Red Hot Pokers» (Fackellilien) im Derwent Valley. Das Tal, in dem vor allem Obst angebaut wird, erstreckt sich nordwestlich von New Norfolk.

Dies ist eines der vielen Enden der Welt: 42 Grad 53 Minuten Süd, 147 Grad 20 Minuten Ost. Von hier aus südwärts: Da ist nichts mehr auf dem Weg bis zur Antarktis. Geradeaus westwärts: Freie Fahrt einmal halb um die Erde, und das nächste Land ist dann Argentinien. Von diesem Punkt aus: Hobart, Tasmanien.

Es hat schon Weltkarten in Atlanten gegeben, auf denen nicht allein diese Stadt, sondern gleich diese ganze Insel under down under einfach vergessen worden war. Das grämt die «Tassies». Ihre Insel ist nicht riesig: knapp die Fläche Bayerns; schon gar nicht sehr groß im Vergleich zum «Mutterland»: Tasmaniens Anteil am Commonwealth of Australia bleibt unter einem Prozent. Aber so einfach dies alles unterschlagen ...?!

«This other England.» Es hört sich an wie ein Bekenntnis, wenn Tasmanier von ihrer Insel sprechen. Es ist ein Bekenntnis. Als nach dem Krieg Australien Einwanderer aus ganz Europa ins Land holte, seine Bevölkerung aufs neue mischte, hielt sich Tasmanien so englisch, wie es seit Beginn der Besiedelung (1803) immer gewesen war, und wenn Australien sich heute von Europa löst und sich mehr Asien und dem pazifischen Raum zuwendet – Tasmanien bleibt weiterhin «this other England». Und danach haben alle Tasmanier, auch wenn sie nur 240 Kilometer weiter im Norden, am anderen Ufer der Bass Strait auf dem australischen Festland leben, danach haben sie immer Heimweh.

So erzählte es der Anhalter, den ich hinter Launceston mitnahm. Kein Tramp, ein ordentlicher Bürger mit kleiner Reisetasche, der nach drei, vier Tagen Arbeit in der Fremde auf dem Nachhauseweg war zu Frau und Kindern in Hobart, 200 Kilometer; eigentlich noch ein Stück weiter, ins Huon Valley. Und auch er war voller Heimweh. Er genierte sich deswegen ein bißchen, wollte nicht als sentimental gelten, kramte eine Zeitung hervor und las aus einem Leserbrief vor von einem, «der gezwungen war, weitab vom Meer, den Bergen und klarer Luft zu leben, weitab von allem, was Tasmanien zu einem der besten Plätze auf Erden macht ...», und da waren wir angekommen. Linkerhand der Huon River, rechts ein Städtchen?, ein Dorf? Nicht schön, aber auch nicht häßlich. Ein fester Händedruck. «Nice, meeting you.» Die Frau unter der Haustür strahlte. Home, sweet home. Es war der 24. Dezember, Heiligabend. Und auf der Rückfahrt nach Hobart kroch's mir als Gänsehaut aus dem Ärmel, ein fremdes Gefühl, ein völlig neues – Heimweh?

Weihnachten in Tasmanien fällt in den Sommer. Und Heiligabend ist ... ein Tag wie (beinahe) jeder andere. Nichts Feierliches. (Familien-feierlich ist der erste Weihnachtsfeiertag, Christmas Day.) Abendessen im «Drunken Admiral» am Victoria Dock; Meeresfrüchte, dazu ein Wein von der Insel. Eine warme Nacht. Es nieselte leicht. Die Pubs in der Innenstadt waren brechend voll, die Türen standen sperrangelweit offen. Ich nahm

Beliebter Treffpunkt in Hobart ist das Victoria Dock. Entlang des Hafenbeckens warten mehrere Restaurants auf Gäste, die im Freien mit Blick auf den Hafen speisen können.

Im geschützten Hafenbecken des Constitution Dock – wie auch im benachbarten Victoria Dock – liegen nach der Sydney-Hobart-Regatta in der ersten Januarwoche die Segeljachten vor Anker. Im Hintergrund ist der 1270 Meter hohe Mount Wellington, der westlich von Hobart liegt, zu sehen.

mein Glas, um ein, zwei Schritte an die frische Luft zu gehen. Ich kam nicht so weit. Einer kriegte mich schon vorher zu fassen: «You better stay inside, mate.» Er zeigte auf die Türschwelle: «Hier endet die Lizenz.»

DEM PARADIES NAHE

Tourismus vereinfacht. Er reduziert ein Land auf eine Handvoll Vorstellungen – ausgenommen Tasmanien. Das australische Bundesland hat (nicht allein) in Europa kein Image. Dafür gibt es Gründe. «Wir waren lange», sagt Peter Conrad, heute Dozent in Oxford, «an offshore island off the shore of an offshore continent.» Und das ist Tasmanien eigentlich noch immer: eine abseits gelegene Insel abseits eines abseits gelegenen Kontinents. Mit allen damit verbundenen Vorteilen. Eine Welt für sich.

Das Land: üppig grün, eine «Musterschau der Natur» mit Parkland und Wäldern, Gebirgen, mit Seen, Regenwald und ungebändigten Flüssen; viel Wildnis überhaupt. Die Menschen: umgänglich, offen und unkompliziert, «easygoing» Typen, leise, bedächtig und auf sympathische Art konservativ; und – wie gesagt – heimwehkrank selbst noch daheim. Die Geschichte: sehr alt, schätzungsweise 30 000 Jahre, wenn damit die Spuren der ersten Menschen auf der Insel, Aborigines, gemeint sind, sehr jung, noch keine zweihundert Jahre, wenn von Kolonisten und Siedlern, von Sträflingen, kurz: von den ersten weißen Bewohnern die Rede ist. – Und immer isoliert gewesen, isoliert auch heute noch, irgendwie, trotz täglicher Flugverbindungen (von Sydney und Melbourne) und Fähren; so isoliert und eigen,

Auf Tasmanien haben die Menschen noch Zeit, und das Leben ist nicht so von Streß und der Jagd nach Geld geprägt wie andernorts. Dieser Mundharmonikaspieler unterhält sich und die Passanten auf dem Salamanca Place in Hobart.

Am Wochenende machen viele Tasmanier von Hobart aus mit ihren Booten einen Ausflug nach Port Arthur. Sie legen in der Masons Cove an, um sich die Ruinen der berühmt-berüchtigten ehemaligen Sträflingskolonie anzusehen.

daß selbst Australier vom Festland, die in Hobart oder Launceston aus dem Flugzeug steigen, überrascht feststellen: «Das ist ein anderes Land.»

Der Westen und Südwesten bis tief ins Land hinein wild (wenn ein Ort schon Savage River heißt!); der Osten lieblich, ein einziger Badeplatz, Sonne, Sand und Meer; der Norden im tasmanischen Sinn «verstädtert» und «industrialisiert», und der Süden ein bißchen von allem und mit der schön gelegenen (gemütlichen) Hauptstadt Hobart – noch keine 200 000 Einwohner. Das ist eine recht grobe Einteilung (und Tassies wird darob das Herz bluten). Aber ein bißchen Ordnung muß sein. Denn die Tasmanier selbst teilen gerne nicht weniger grob ein: «Hochebenen wie in Schottland, Regenwälder ähnlich wie am Amazonas, Savannen wie in Afrika, klare Bergseen wie in den Alpen, Sandstrände wie in der Karibik, gigantische Wasserfälle ...», kurz und gut: das Paradies. Es gibt das Paradies auf Erden nicht. Trotzige tasmanische Antwort: «Aber wir kommen ihm hier doch verdammt nahe.»

Noch nicht mal eine halbe Million (etwa 460 000) Menschen leben in Tasmanien. Statistisch sind das knapp sieben Einwohner pro Quadratkilometer, in Wirklichkeit verteilen sie sich natürlich ganz anders: In den vier größten Städten, Hobart, Launceston, Devonport und Burnie, leben zusammen auf vergleichsweise kleinem Raum über 350 000 Menschen, das sind mehr als drei Viertel der tasmanischen Bevölkerung. Das Land wird so immer weiter, scheinbar größer – leerer.

Dieses Land liegt nicht einfach brach. Es ist (zum Teil spektakuläre) Wildnis und als solche gesetzlich geschützt: 21 Prozent der Gesamtfläche – das ist Weltrekord – sind als Nationalparks und Naturschutzgebiete ausgewiesen, der größte Teil davon sogar als Welt-Naturerbe in die World Heritage List der UNESCO eingetragen. Dies ist so nicht von alleine geworden: In keinem anderen australischen Bundesland waren die Grünen, die «greenies», eher aktiv (es fing vor etwa dreißig Jahren an) und sind heute so zahlreich und so im Bewußtsein der Bevölkerung wie in Tasmanien. Sie sind eine politische Kraft.

So schließt sich der Kreis oder auch alles paßt zusammen: Natur, eine für heutige Verhältnisse weitgehend intakte Natur ist der eigentliche Reichtum der Insel. Erstaunlich genug in unserer Welt: Die Tasmanier haben das früh erkannt, haben ihren «Schatz» gehütet und wann und wo es nötig war auch energisch verteidigt. Sie haben Tasmanien nicht erschaffen, aber sie haben es erhalten. An vielen Stellen urtümlich, untouched. Wie am sechsten Tag, seinerzeit ...

Der Salamanca Place in Hobart wird an jedem Wochenende zum Treffpunkt für Händler, Gaukler und Touristen. Der Markt ist ein Fest der Sinne und der Lebensfreude (oben und Mitte). – Doch manche läßt der Trubel gänzlich unberührt, schließlich muß man sich auch einmal um seine Jacht kümmern (unten).

GESCHICHTEN AM WEGE

Es gibt nur diese eine Straße von Hobart nach Queenstown im «wilden Westen»: den Lyell Highway (A 10), 250 Kilometer, vier Stunden Fahrt, mindestens. Und wieder war es ein Anhalter, noch weit vor den Highlands. Und wieder wollte der – heim. Christmas Day. Die Familie wartete. In Tarraleah; noch achtzig Kilometer. «And where is home to you?», wollte er wissen. Am anderen Ende der Welt, sozusagen. «Und Sie sind freiwillig so weit ...?» Yes, mate. Ich glaube, er hielt mich danach für gefühllos, herzlos, für – heimatlos.

Und wie ist es in Tarraleah? «Och ...» Er wurde verlegen. Tarraleah ist nicht wie andere Orte gewachsen, es ist geplant und gebaut worden für Facharbeiter, Ingenieure und Verwaltungsangestellte der Hydro Electric Commission/HEC, der staatlichen Elektrizitätsgesellschaft, die in der Region Wasserkraftwerke betreibt. Eine uniforme Kleinstadt, funktionell. «In Derwent Bridge rechts abbiegen», sagte er beim Aussteigen, «es ist nur eine kurze Stichstraße bis zum Lake St. Clair. Sie müssen ihn einfach sehen.» Versprochen.

Hinter Derwent Bridge fängt die Wildnis an, grün, dicht und beeindruckend: Wombat Glen und Donaghy's Hill, Farne und Föhren. Der Lyell Highway trennt hier auf etwa siebzig Kilometer den Cradle Mountain-Lake St. Clair Nationalpark (im Norden) vom Franklin-Gordon Wild Rivers Nationalpark (beide in der World Heritage List). Flüsse und Creeks, Trekkingpfade (vier, fünf Tage zum Frenchmans Cap, 1443 m). In dieser weg- und steglosen Urlandschaft waren vor mehr als hundert Jahren gelegentlich Prospektoren unterwegs, sie suchten Gold und fanden mitunter – Skelette. Man hielt sich damals nicht lange mit so etwas auf, stellte ein paar Vermutungen an: Aborigines?, entflohene Sträflinge? und zog weiter. Zwei Jahre dauerte es, einen Pfad durch die Wildnis zu schlagen, auf dem dann (1842) Gouverneur Sir John Franklin in Begleitung seiner Frau zur Westküste «reiste», Lady Jane in einer Sänfte, getragen von Sträflingen. Solche Geschichten liegen hier am Weg. Es muß nur einer kommen, sie aufheben und ein bißchen abstauben ...

Queenstown. Das glaubt mir daheim keiner! Das ist, die Serpentinen am Mount Owen hinab (abgeschrieben aus einem Reiseführer), «der schlimmste Anblick, den Australien zu bieten hat». Ein Schock! Die Fratze einer Landschaft. Kahlgeschlagen, öde, erodiert. Schaurigschöne (Erd-)Farben: schoko, pink, ocker. Im Tal ein Minenstädtchen. Kupferminen. Und um das Metall zu schmelzen, haben sie die Wälder ringsum verfeuert. Schwefeldämpfe, die dabei freiwurden, legten sich aufs Land. Heftiger Regen, der hier ganz normal ist, wusch die Erde weg. Queenstown, dieser einzige große

Fortsetzung Seite 25

Antiquitätenliebhaber aus ganz Tasmanien kommen nach Franklin. Der Ort am Huon River südwestlich von Hobart ist bekannt für seine zahlreichen originellen Läden, in denen das Stöbern noch Spaß macht.

Die Kirche der ehemaligen Sträflingskolonie in Port Arthur stammt aus dem Jahr 1835. Sie brannte 1883 nieder und wurde später wiedererrichtet.

1

DIE HÖLLE AUF ERDEN

Die Geschichte der Sträflingskolonie Port Arthur

2

Heute vielbesuchtes Museum und touristischer Anziehungspunkt, war Port Arthur im letzten Jahrhundert eine der berüchtigtsten Sträflingskolonien des britischen Empires.

«Welcome to Port Arthur.» Der Fremdenführer meint, was er sagt. Er erklärt und «führt» im Schnellgang eine gute halbe Stunde lang durch – Ruinen. Irrenhaus und Wachlokal, Pfarrhaus und die «Penitentiary» (Gefängnis), die Residenz des Kommandanten, das «Model Prison» (welch ein Name für die Zellen der Isolationshäftlinge!) und die Kirche, die nie geweiht wurde, in der verhängte Kirchenbänke den Offiziellen und ihren Familien den Anblick der Gefangenen ersparten. Und draußen in der Bucht liegt die «Insel der Toten». Der Führer billigt nichts, mißbilligt nichts, er verrichtet seinen Job. Und wünscht zum Schluß «an enjoyable stay» in Port Arthur, der «Hölle auf Erden» für schätzungsweise zwölftausend Zuchthäusler, Kettensträflinge, «Convicts» in den Jahren 1830 bis 1877. In jenen Jahren ein Synonym für Unmenschlichkeit, Brutalität, Willkür. Heute «one of Australia's most significant historic sites». Willkommen.

Die Geschichte Tasmaniens ist, wie die Geschichte ganz Australiens, die einer Sträflingskolonie. England hatte 1776 seine Kolonien in Nordamerika verloren, daheim waren die Gefängnisse überfüllt, und Australien war – leer. 1788 trafen mit den Schiffen der «First Fleet» die ersten 730 Gefangenen in Botany Bay (beim heutigen Sydney) ein, 1803 landeten die ersten 35 «Convicts» in Tasmanien in Risdon Cove (beim heutigen Hobart). Bis zum letzten Transport 1853 waren es

3

geschätzte achtzigtausend Sträflinge, die auf Lebenszeit in tasmanische «penal settlements» eingeliefert wurden, nach Sarah Island im Macquarie Harbour (bei Strahan), nach Maria Island (vor Orford). Die «Endstationen» hatten viele Namen, verstreut über die ganze Insel, bis 1830 Gouverneur Georg Arthur *seine* Kolonie einrichtete, Port Arthur.

Er hatte dafür die Tasman Peninsula im Südosten Tasmaniens ausgewählt, die

4

nur über die einige hundert Meter breite Landenge Eaglehawk Neck zu erreichen war und daher als ausbruchsicher galt. Eine Art Hochsicherheitsgefängnis: Die Landenge schnürten Postenketten und Bluthunde ab, und im Meer gab es Haie. Maria Island wurde 1832, Sarah Island 1833 aufgegeben, und Port Arthur bedeutete «verschärfte» Haft. Zwölf Stunden Arbeit in Ketten (!), karges Essen, Auspeitschen durch Mithäftlinge, fünfhundert geschundene «Convicts» auf einem Flur (im vierten Stock) des Gefängnisses. Und als das Auspeitschen aufhörte, weil etliche Delinquenten die Tortur überlebt hatten und unter ihren Mitgefangenen zu «heroes» aufgestiegen waren, wurde die Isolationshaft eingeführt: Einzelzelle, absolute Stille (die Wärter trugen hier Pantoffeln), kein Name mehr, nur noch eine Nummer, eine Gesichtsmaske und beim geringsten Vergehen bis zu dreißig Tage Dunkelzelle. – Port Arthur war eine Ko-

Seit 1993 findet auf dem Gelände von Port Arthur jährlich das «Beating Retreat» statt, ein Militär-Festival, bei dem auch historische Uniformen präsentiert werden (1). *Eine Vielzahl von Zuschauern* (3) *ist begeistert von musizierenden Militärkapellen, von Paraden und dem abschließenden Feuerwerk* (5).

2 *Blick auf den «Guard Tower», der heute zu besteigen ist.*

4 *Masons Cove und das «Penitentiary», das Hauptgebäude, in dem früher die Gefängniszellen, der Speisesaal sowie Schlafräume untergebracht waren.*

lonie für besonders schwere Fälle, auch Straflager auf dem Kontinent verbannten ihre renitenten Insassen auf die Tasman Peninsula.
In den vierziger Jahren entwickelte sich die Kolonie zu einem kleinen Industrieunternehmen. Holzeinschlag und -verarbeitung, auch Schiffbau brachten gute Einnahmen, ebenso Werkstätten, eine Gärtnerei und eine Schuhfabrik. In dieser Zeit versuchte man es auch mit Reformen: Ausgelagerte Bewährungsstationen wurden eingerichtet. Nach 1853, ohne den Nachschub neuer Gefangener, fehl-

Die Zeremonie des «Beating Retreat» geht ursprünglich auf das Mittelalter zurück, als Soldaten zum Schutz gegen marodierende Banden in Städten und Garnisonen paradierten.

ten Port Arthur mit einemmal (billige) Arbeitskräfte, die noch einsitzenden Insassen waren entkräftet, krank. Die Kolonie verwandelte sich in eine Sozialstation, die Gebäude verfielen zusehends. 1877 wurde Port Arthur aus Kostengründen geschlossen.
Tasmanien hat diese Vergangenheit ins Museum gestellt und erklärt die hinterlassenen Spuren zu Sehenswürdigkeiten: Häuser, Brücken und Straßen, die von Häftlingen erbaut worden sind, gelten heute als historisches Erbe. Städte und Dörfer werben damit in Fremdenverkehrsprospekten. Der hundertjährige Minderwertigkeitskomplex, Nachkommen von Sträflingen zu sein, ist kuriert.
Die «historic site» Port Arthur ist 125 Hektar groß. Sie ist zwischen 1979 und 1986 von der Regierung für rund zehn Millionen Mark hergerichtet worden. Eigentlich ist es eine (fast) heitere Parklandschaft, kurz geschnittener Rasen, typisch englisch. In der alten «Policeman's Residence» wird Tee ausgeschenkt, in der Küche der ehemaligen Ärzteunterkunft hat sich eine Töpferei eingemietet. Die frühere Irrenanstalt («Asylum») ist Souvenirladen und Museum, wo Besucher den Stummfilm «In the term of his natural life» sehen können.

5

Die Ruinen in Port Arthur dienen jedes Jahr während des «Beating Retreat», einem traditionellen Militär-Festival, als Kulisse. Soldaten und ihre Frauen erwecken dann in historischen Uniformen und Kostümen die ehemalige Sträflingskolonie zu neuem Leben.

Schmelzofen, wurde dabei reich. Die miners holten auch Blei, Zink und Zinn aus der Erde und 20 000 Kilo Gold. In der Stadt lebten um die Jahrhundertwende über fünftausend Menschen (fast doppelt so viele wie heute), 14 Hotels. 1912 ein Minenunglück, Feuer im Stollen, schwankende Weltmarktpreise, und allmählich wandelte die Boomtown sich zur Minen-Nostalgie- und Museumsstadt. Sie vermarktet heute die «Farbeffekte ... etwas, das noch nie da war». Zögerlich grünt es jetzt wieder auf den Hügeln. Nicht alle sehen das gerne: «Die Mondlandschaft ist unser touristisches Potential.»

Noch 42 Kilometer bis Strahan am Macquarie Harbour. Grüne Wälder, die blaue See, Häuser wie Laubsägearbeiten. Und 30 Kilometer Ocean Beach. Queenstown ist nur noch ein böser Traum. – Oh, verd..., ich hab' noch gar kein Zimmer.

DIE STRÄFLINGSKOLONIE

Christmas Eve. Die Insulaner hockten zusammen zwischen Stanley und Eaglehawk Neck und von St. Helens bis ... Sie hockten zusammen und feierten Weihnachten am Kamin (!) und mit Truthahn aus dem Ofen, familienweise, sippenweise, bis auf die Unruhigen, die Nestflüchter, die Reisenden. Die saßen an diesem Abend in Strahan im «Franklin Manor», zogen aus Glücksbomben Papierhütchen, setzten sich diese auf den Kopf; eine aufgeräumte, alberne Gesellschaft aus Paaren und Pärchen, Singles. Graved Lax wurde aufgetragen, dann Lamm. Vom Band klang der «Knabe im lockigen Haar», «White Christmas» folgte. Raucher standen auf dem Hotel-Balkon zusammen. Das Thermometer zeigte 21 Grad an, Celsius-Grade.

Drinnen lobten sie von Tisch zu Tisch – Tasmanien. In Superlativen. Bachforellen angeln! Nirgendwo besser als hier. Ohne Forellenbrut von Tasmanien gäb's keine brown trout auf dem australischen Festland und in Neuseeland. Yes, Sir. «Luft! Oben am Kap Grim [im äußersten Nordwesten Tasmaniens] ist sie reiner als irgendwo sonst. An den Werten von dort wird die Luftverschmutzung auf der ganzen Welt gemessen.» Oh, is that so? «Wasser! Kristallklar und sauber. 1988 haben wir über fünf Tonnen davon nach Seoul verschifft – für unsere Jungs bei den Olympischen Spielen.» Undsoweiter, undsoweiter: Wir liegen nicht weiter vom Äquator ab als Madrid und New York; wir haben die älteste Brauerei Australiens und das älteste ununterbrochen spielende Theater; Hobart ist die zweitälteste Stadt nach Sydney, und Melbourne ist von hier aus gegründet worden. Zwischendurch gingen die Männer in den Weinkeller, um Nachschub zu holen, und jeder schrieb in ein dickes Buch, was er entnommen hatte: Zimmer 12, 93er Pinot Noir von Freycinet.

Das Comandants House in Port Arthur ist ein «lebendiges» Museum. Angestellte in historischen Gewändern führen vor, wie man hier einst lebte, wie das Essen zubereitet und serviert wurde (oben).

Während des «Beating Retreat» präsentieren sich auch verschiedene Militärkapellen, Truppenteile der australischen Armee und Polizeiverbände in ihren Paradeuniformen (Mitte und unten).

Was für ein Land! Zuerst nur vermutet, jahrhundertelang: eine Terra Australis Incognita als eine Art Gegengewicht zu den Kontinenten im Norden. Aber Magellan, Francis Drake und Torres fuhren daran vorbei. Auf der Weltkarte Benedetto Bordones von 1528 ist der Platz, auf dem einmal Australien eingezeichnet werden würde, leer. Hundert und ein paar Jahre später waren die Nord- und Westküste des Kontinents kartographiert. Und 1642 entdeckte Abel Tasman Tasmanien. Der Holländer wußte mit dem Land nichts anzufangen, wußte auch nicht, daß es überhaupt eine Insel war. (Tasmanien war ursprünglich tatsächlich durch eine Landbrücke mit Australien verbunden gewesen und wurde erst in geologisch jüngster Vergangenheit – vor 13 000 Jahren etwa – vom Mutterland getrennt.) Er nannte seine Entdeckung Van Diemen's Land nach dem Gouverneur von Holländisch-Ostindien, der ihn auf diese Reise geschickt hatte. Die Insel wurde von ihm nicht erkundet, nicht in Besitz genommen, nicht kolonisiert, aber auch nicht vergessen. Kapitän Cook suchte nach ihr 1770, von Neuseeland kommend, und verpaßte sie. (Statt dessen landete er in Botany Bay in der Nachbarschaft des heutigen Sydney.) Zwei Jahre später der nächste Europäer, der Franzose du Fresne; nicht sehr interessiert. Und um französische Interessen in diesem Teil der Welt erst gar nicht entstehen zu lassen, schickte England Cook auf eine dritte Reise, in deren Verlauf er im Februar 1777 Tasmanien für die britische Krone in Besitz nahm – auf einer kleinen, der Südostküste vorgelagerten Insel, Bruny Island.

Es dauerte ein Vierteljahrhundert, bis das Land dann auch genutzt wurde. 1803 landeten die ersten 13 Siedler in Tasmanien und mit ihnen 35 Sträflinge. Und das wurde für die folgenden siebzig Jahre dann die eigentliche Bestimmung der Insel: Sträflinge – englisch: convicts – aufzunehmen. Eine Deponie für irische Rebellen, kleine Diebe und Mörder. Die tasmanischen «penal settlements», die Strafkolonien Sarah Island, Maria Island und Port Arthur, waren, ganz nach dem Wunsch ihrer «Erfinder»/Erbauer, die «Hölle auf Erden».

Die Sterne kreisten über Strahan und Macquarie Harbour. Wir sahen vom Balkon aus einem Satelliten nach. Da sagte Jennifer: «Die Menschen hier, die erinnern sich. Das ist auch ein Vorzug unserer Isolation. Anderswo ist die Vergangenheit ... verwässert durch zu viel aufregende Gegenwart.» 1868 kam das letzte Schiff mit Sträflingen nach Australien. Die letzten Ex-Häftlinge starben in den zwanziger Jahren. Der Londoner Plan, die Kolonie als Zuchthaus am Ende der Welt zu führen, war nicht aufgegangen und konnte nicht aufgehen gegen die Visionen von freien Siedlern und freigelassenen Sträflingen, aus dem Land «etwas zu machen». Und nun schlägt auch die bis weit in dieses Jahrhun-

Die Tasman Peninsula im Südosten Tasmaniens ist äußerst reizvoll. Die stark zerklüftete Küste weist viele außergewöhnliche Felsformationen auf.

Cape Raoul (oben) ist die südlichste Landspitze der Halbinsel. Die Pirates Bay (unten) erstreckt sich bei Eaglehawk Neck und ist Ausgangspunkt für Wanderungen zu landschaftlichen Attraktionen wie dem Tasman Blowhole, dem Tasman Arch und der Devils Kitchen (Mitte).

Das mächtige Cape Pillar im Südosten der Tasman Peninsula ist nur auf einer mehrstündigen Wanderung zu erreichen. Man ist mit sich, der grandiosen Landschaft und dem weiten Horizont allein. Die Heidevegetation des Hinterlands, die zur Schafzucht genutzt wird, reicht hier bis an die Küste.

Bekannt für seine Traumstrände: «The Hazards» auf der Freycinet Peninsula im Osten Tasmaniens.

Mit Flechten überwachsene Felsen am Boulder Point im Mount William National Park. Der Park im Nordosten Tasmaniens ist kaum besucht und bietet unberührte Natur in grenzenloser Weite.

An der Ostküste Tasmaniens:

Blick vom höchsten Punkt im Freycinet National Park auf die Coles Bay (oben).

Einsamer Strand im Mount William National Park (Mitte).

Meer und Witterung haben die bizarren Painted Cliffs auf Maria Island geformt. Eine Stunde dauert die Überfahrt mit der Fähre ab Louisville auf die Insel, die nur wenige Menschen bewohnen (unten).

dert hinein praktizierte Arroganz des britischen Mutterlandes der Kolonie, der Nachkommenschaft von Sträflingen gegenüber, zurück: Australien will die Königin im Buckingham Palace, bis auf diesen Tag offizielles Staatsoberhaupt des Commonwealth of Australia, «absetzen». Der Minderwertigkeitskomplex der Aussies ist verschwunden: «Wir sind ein toller Haufen. Unsere Vorfahren sind schließlich von den besten Richtern Englands ausgesucht worden.» Wer seine Ahnen bis auf die Sträflings-Transporte zurückverfolgen kann, vor fünfzehn, zwanzig Jahren noch ein Makel, zählt sich heute zu den Pionieren, die das Land «gemacht» haben. Eine Art geheimer Adel.

VOM ANGENEHMEN LEBEN

Ist Australien in ein paar Jahren eine (Bundes-)Republik? Aber die Richter werden weiterhin Perücken tragen, Cricket wird bleiben, was es schon immer war: mehr als nur ein Sport, beinahe Religion. Und News aus London laufen den Nachrichten aus Canberra, der Bundeshauptstadt, den Rang ab. Die emotionale Abhängigkeit wird weitere ein, zwei Generationen erhalten bleiben und in Tasmanien noch länger als auf dem Festland. Eine eigene kulturelle Identität schafft man nicht so leicht.

Die freien Siedler, Sträflinge mit einem «ticket of leave» (die Erlaubnis, im Land gegen Lohn zu arbeiten) und die Begnadigten haben sich, wenigstens die ersten hundert Jahre, nur schwer gegen das fremde Land behauptet. Sie haben es nicht geliebt. Und sie haben in diese neue Heimat geholt, was die alte hergab: Hasen und Füchse (mit verheerenden Folgen), in die Gärten wurden Birken und Trauerweiden gestellt. Aus der Wildnis sollte Cornwall werden (from prison to paradise). Das Tüpfeljohanniskraut, auch so ein Heimwehpflänzchen, hat Viehweiden überwuchert und zerstört. In keine andere Kolonie haben die neuen Herren so gründlich so viel «Heimat» verpflanzt. Willkürlich und phantasievoll. Sie benannten fremde Pflanzen nach (oberflächlichen) Ähnlichkeiten einfach mit aus Europa bekannten – und damit falschen – Namen. So ist der *pepper tree* kein Pfeffer- und der *tea tree* kein Teebaum, auch die *she-oak* ist alles andere als eine Eiche (vielmehr eine Kasuarine).

Tasmanien, landschaftlich «europäischer» als jedes andere australische Bundesland, hat das Heimweh (seinerzeit das nach England) der freiwilligen und unfreiwilligen «Auswanderer» vielleicht etwas gemildert. Als sie dann darangingen, Siedlungen zu gründen, Täler und Flüsse zu bezeichnen, «räuberten» sie die englische Geographie: Sheffield und Beaconsfield, Richmond, Fingal und Swansea, den Salisbury River,

Zufrieden präsentiert ein Fischer in Lady Barron, dem einzigen Hafen auf Flinders Island, zwei prächtige Hummer. Die Tiere werden mit traditionellen Flechtkörben gefangen.

Mersey River ... in Van Diemen's Land. Wo an der Cynthia Bay am Lake St. Clair kecke Wallabies den Touristen die Bissen von den Picknicktischen wegholen (die kleinen Känguruhs gibt es nur in Australien); wo über die schmale Landenge zwischen Nord- und Südteil von Bruny Island Zwergpinguine watscheln; wo im dichten Unterholz der Wälder Schnabeligel sich eingraben (Kloakentiere! gibt es in Europa nicht) und ein Teufel sich herumtreibt – der Beutelteufel (Sarcophilus harrisii), ein Raubbeutler.

Äpfel wollten sie ernten, wie einst in Somerset. Captain William Bligh (der von der «Bounty», die Meuterei fand erst im Jahr darauf statt) pflanzte die ersten Apfelbäume schon 1788 auf Bruny Island. Viel später, fast hundert Jahre später, verkaufte eine ältere Lady, Maria Smith, schon Großmutter («Granny»), ihre eigene Apfelsorte – Granny Smith's Apples. Rund 3000 Hektar Land sind in Tasmanien Apfelplantagen. Die Kolonisten trotzten der Wildnis Farmland ab: Felder für Hopfenanbau, für Lavendel(!) und Weiden für Rinder- und Schafherden; fünf Millionen Merinoschafe grasen auf der Insel. Rund ein Drittel der Fläche wird heute landwirtschaftlich genutzt – aber der Wald ist noch größer: Knapp die Hälfte Tasmaniens ist Forst und Busch. Und dieser Teil wird romantisiert, heroisiert.

Das ist eine Verlockung ohne Ende. Und die Tassies – eigentlich alle Australier – erliegen ihr nur zu gern. *Outdoor* ist ein magisches Wort. Draußen sein, draußen leben. Das hat Auswirkungen. «Denn nur in einem Land, wo solche Reize nicht gegeben sind», sagt ein Computermann aus Hobart hinterm Weinglas hervor, «entwickelt sich Kreativität («application of intelli-

Im kleinen Hafen von Bicheno an der Ostküste Tasmaniens liegen kaum mehr als eine Handvoll Fischerboote vor Anker.

Chris Woolcock verdient sein Geld als «toy maker». Er lebt in Ross, einem kleinen Ort am Highway 1 im östlichen Zentrum Tasmaniens. Der Spielzeughersteller ist weit über die Grenzen der Insel hinaus bekannt. Seine liebevoll hergestellten Tierfiguren und Puppen sind auch bei Kindern auf dem australischen Festland und in Neuseeland begehrt.

gence»). Also nicht hier oder doch nur höchst selten.» Das war in der «Lemonthyme-Lodge», 15 Kilometer Luftlinie («as the crow flies») vom Cradle Mountain (1545 m). Ringsum nur Wildnis und Wetter. Ein Kaminfeuer brannte, strahlte Wärme aus. Ein japanischer Gast mischte sich ein: «Ich mache Geschäfte mit Leuten hier in Tasmanien. Schon lange. Ich will damit sagen: Ich weiß, wovon ich rede. Arbeit allein ist für uns Japaner ein Wert an sich, das begreift man in diesem Land nicht.» Lapidarer Einwurf der Wirtin: «Wir sind faul». Verlegenheit. «Nein, nein ...» Aber Freizeit ist hier ein wenigstens ebenso hoher Wert wie Arbeit. Freizeit ist – Freiheit, Unabhängigkeit.

Ein Grab auf dem Wybalenna Historic Site auf Flinders Island. Der Friedhof und eine Kapelle bei Emita im Nordwesten der Insel erinnern an die letzten Ureinwohner Tasmaniens, die man 1830 hierher umsiedelte.

Das ist, sagen die einen, das Erbe, das die Sträflinge uns hinterlassen haben. Wir sind, argumentieren andere, zu lange nicht mehr als nur eine Niederlassung des Westens im Osten gewesen. Kein Selbstbewußtsein. Der Computermann hatte ein Beispiel parat: «Ein Wissenschaftler oder Forscher macht eine Entdeckung. Die Leute klopfen ihm auf die Schulter: Höchst interessant. Aber keiner sagt: Da machen wir was draus. Und gleich für die ganze Welt. Sie fragen: Was halten die Amerikaner davon? Und wenn die es great finden, wird resigniert: Welchen Sinn hätte es dann noch, daß auch wir uns da mit reinhängen?! Sind die Amerikaner aber desinteressiert, wird's noch schlimmer: Wenn die abwinken, kann an der bloody Sache nicht viel Gutes sein. Finger weg.» – Das hört sich an wie das Eingeständnis einer Niederlage. Die Einsicht kommt spät. Und Politiker richten mit ihrem Appell «Life is not meant to be easy» (dieses Zitat haben sie bei George Bernard Shaw ausgeliehen) nur allmählich etwas aus. Warum auch

Launceston im Norden Tasmaniens ist die zweitgrößte Stadt der Insel. In der hübschen Altstadt mit ihren zahlreichen historischen Bauten gibt es zwei Fußgängerzonen.

Evandale, ein kleiner Ort 20 Kilometer südlich von Launceston, steht als «Historic Village» unter Denkmalschutz. Entlang der High Street kann man noch viele georgianische und viktorianische Bauten bewundern. Das «Clarendon Arms Hotel» gibt es seit 1847.

In Evandale wird jedes Jahr im Februar ein großes Dorffest gefeiert. Dazu gehören auch Radrennen mit historischen Fahrrädern, die Hochradliebhaber aus der ganzen Welt anlocken.

sollte man sich das Leben nicht angenehm machen? «Dies ist das beste Land der Welt», schloß die Wirtin das Gespräch ab, «es hat bloß einen Nachteil: zu wenig Jobs für seine Kinder.»

HELDEN-MYTHEN, FRAUEN-RECHTE

Postlagernd Launceston: «Ich bin für ein paar Tage im Motel in Stanley. Kommst du? Jennifer.» Ich liebe Motels. Man weiß dort, was Reisende brauchen: eine Dusche, um den Dreck und den Schweiß der Wildnis abzuspülen, ein Bier, ein ordentliches Essen, ein sauberes Bett, und am anderen Morgen wird da und dort ein Frühstückstablett durch eine Klappe ins Zimmer geschoben («no disturbing»), ein Wasserkocher, Teebeutel und Instant-Kaffee gehören sowieso zur Einrichtung. «Wir lassen Sie allein. Aber wenn Sie uns brauchen, sind wir für Sie da.» Das ist'n Wort.

Also über die Frankford Main Road (B 71), die vor Harford den Rubicon River kreuzt, nach Devonport, dem Fährhafen zum Kontinent, weiter nach Ulverstone, eine Papierfabrik in Burnie, Wynyard, wo wohlhabende Farmer Golf spielen, Table Cape mit Leuchtturm, der Sandstrand von Sisters Beach, Rocky Cape, Port Latta am Ende einer Pipeline, durch die Erzschlamm transportiert wird, und endlich (nach 240 Kilometern), auf eine Landzunge ins Meer hinausgeschoben: Stanley. Darüber, buchstäblich, The Nut, ein riesiger Felsklotz, ein Plateau – «Tasmania's answer to Ayers Rock». Die spinnen ja, die …

Ich hatte eine Nachricht aufgeschnappt unterwegs: «Die Schüler der High School von Hobart dürfen auch künftig nicht Händchenhalten. Nach Ansicht von Rektor Mick Sheean ist das eine ‹sexuelle Handlung› und daher auf dem Schulgelände verboten. Wer sich an dieses Verbot nicht hält, dem droht der Verweis von der Schule.» Und was machen die kids? Jennifer lachte: «Du mußt fragen, wo sie's machen? – außerhalb des Schulgeländes, natürlich.» Das 20. Jahrhundert geht zu Ende und … «In Tasmanien ist Homosexualität nach wie vor ein ‹criminal act›.» Sind die Tassies allesamt Puritaner?, prüde? «Vor einigen Jahren sind in ein paar Büchereien sogar Bibeln eingezogen worden, vorübergehend nur, weil der Grund dafür zu absurd war: Das Buch enthalte sexistische Passagen.» Man redet darüber, lacht darüber: «Das sind wir nicht. Das sind ein paar übriggebliebene Menschen vom Typ jenes Rektors. Und wir … verlassen einfach das Schulgelände.»

Die geschriebene Geschichte des Landes ist männlich. Männer haben das unerforschte Land erobert, rauhe, aber herzliche Kerle, die sich den Bart mit dem Buschmesser schabten. Es ist ein Mythos, an den der

Fortsetzung Seite 41

Das kleine Städtchen Oatlands in den Midlands nördlich von Hobart entstand in den dreißiger Jahren des 19. Jahrhunderts. Aus dieser Zeit sind noch einige sehr schöne Gebäude erhalten, darunter die Callington Mill. In der Mühle wurde bis 1890 Getreide gemahlen.

Im Südwesten von Launceston lohnt die Cataract Gorge einen Besuch. Man kann die wildromantische Schlucht vom Dampfer aus erkunden, mit dem Sessellift über sie hinwegschweben oder auch von der Kings Bridge einen Blick in die Tiefe riskieren.

Landwirtschaftlich geprägt ist die Gegend um Wynyard im Nordwesten Tasmaniens, in der diese kleine Farm mit ihrem netten Zierteich liegt.

DATEN ZUR GESCHICHTE

Links: Während seiner dritten Reise sichtete James Cook (1728–1779) am 24. Januar 1777 Tasmanien, das damals noch «Van-Diemens-Land» genannt wurde.

Unten: Matthew Flinders (rechts, 1774–1814) und George Bass (links, verschollen um 1802) unternahmen von Port Jackson, dem heutigen Sydney, aus mehrere Expeditionen, bevor sie 1798 Tasmanien umrundeten und Flinders 1801 zur ersten Umsegelung Australiens aufbrach.

Rechts: Ein trauriges Schicksal erlitten die Aborigines von Tasmanien. Sie wurden von den Weißen gejagt und verfolgt, schließlich umgesiedelt und in europäische Kleidung gesteckt. Doch der Versuch, den Ureinwohnern die Lebensart der Weißen aufzuzwingen, schlug fehl: 1876 starb die letzte Aborigine-Frau Tasmaniens.

Vor etwa 30 000 Jahren Tasmanien ist noch Teil der australischen Landmasse. Aus dem Norden wandern Aborigines ein.

Vor etwa 13 000 Jahren Die Landbrücke von Australien nach Tasmanien wird überflutet; es bildet sich die Insel Tasmanien heraus.

1642 Der Holländer Abel Janszoon Tasman, im Dienst der Holländisch-Ostindischen Companie, entdeckt die Insel (Point Hibbs an der Westküste) und nennt sie – nach dem Gouverneur von Batavia – Van Diemen's Land.

1777 Captain James Cook ankert in der Adventure Bay (Bruny Island) und nach ihm, 1788 und 1792, der «Bounty»-Kapitän William Bligh.

1798 umsegeln Matthew Flinders und George Bass als erste Tasmanien und beweisen damit, daß es eine Insel ist.

1802 wird Tasmanien – als Teil der Kolonie New South Wales – annektiert.

1803 landen die ersten 48 Europäer, 35 davon Sträflinge (Convicts), in Tasmanien. Sie errichten ein Camp am Derwent River. Der Ort erweist sich schnell als ungeeignet, und

1804 wird, mit Ankunft des zweiten Transports, flußabwärts eine neue Siedlung angelegt, Sullivan's Cove, das heutige Hobart. Erste Zusammenstöße mit Aborigines.

In den folgenden Jahren werden «penal settlements» (Straflager) angelegt, hauptsächlich im Ostteil des Landes von Hobart bis George Town.

1820–1835 Die große Zeit des Holzeinschlags (Huon-Kiefer) in den Urwäldern des Westens.

1825 löst sich Tasmanien von New South Wales und wird selbständige Kolonie. Hobart erhält Stadtrechte. Die Zusammenstöße zwischen Siedlern und Aborigines nehmen zu. 1828 verhängt Gouverneur George Arthur das Kriegsrecht und leitet die Verbannung der noch lebenden Aborigines ein.

1830 wird auf der Tasman Peninsula Port Arthur eingerichtet, eine zentrale Strafkolonie für männliche Häftlinge. Der Name wird zum Synonym für unmenschliche Arbeits- und Lebensumstände.

1834 werden die letzten 135 Aborigines (von einst vier- bis fünftausend) nach Flinders Island verbannt. 1847 dürfen 47 Überlebende nach Oyster Cave zurückkehren.

In den **vierziger Jahren** ist Hobart Basis ausländischer Walfangflotten.

1850 «Gold rush» im Westen und Nordwesten. Prospektoren erkunden auf Expeditionen das noch unerschlossene Land. 1871 entdeckt James Smith am Mt. Bischoff reiche Zinnlager. Bergbau wird für die nächsten Jahrzehnte zur «life line» des Landes.

1853 landet der letzte Transport mit Sträflingen in Tasmanien. Port Arthur wird noch bis 1877 als «penal settlement» geführt und dann aufgegeben.

1876 stirbt in Hobart die letzte Aborigine, Truganini. Die tasmanischen Aborigines sind ausgestorben.

1901 schließen sich die australischen Kolonien zum Commonwealth of Australia zusammen und werden Bundesstaat im britischen Commonwealth.

1936 stirbt im Zoo von Hobart der letzte Tasmanische Tiger.

1982/83 verhindern in einer dreimonatigen weltweit beachteten Protestaktion Demonstranten den Bau eines Staudamms in einem Nationalpark der westlichen Wälder.

Der Wombat Pool ist einer der zahlreichen Seen im Cradle Mountain-Lake St. Clair National Park. Ein Verbindungsweg zwischen dem Lake Dove Track und dem Overland Track führt an ihm vorbei.

Flechten verleihen diesem Felsen im Southwest National Park, dem größten Nationalpark auf Tasmanien, die außergewöhnlichen Farben.

ganze Kontinent glauben will. Die Geschichte ist nicht wahr. Frauen haben bei der Erschließung des Landes eine wichtige Rolle gespielt – leise, aber immer an der Seite der Männer.

Es war für die ersten hundert Jahre eine Männerwelt. Militär, Sträflinge, Siedler. Von aller Anfang an wurde Holz geschlagen, für lange Zeit die einzige Energiequelle. Die piners (von «pine» = Kiefer) begannen im Kleinen, was heute noch eine bedeutende Industrie des Landes ist. In den vierziger Jahren des vorigen Jahrhunderts machten Walfänger Hobart zu ihrem Stützpunkt. Fünfzig, sechzig Walfang-Segler liefen jährlich den Hafen an. In den sechziger und siebziger Jahren gruben sich die miners in die tasmanische Erde, vor allem im schwer zugänglichen Westen und Nordwesten des Landes. Sie fanden auch Gold und Silber, aber wichtiger für die Wirtschaft der Insel sind bis heute Zinn und Zink, Kupfer, die Erze. Männerarbeiten. Die Grundlagen des Mythos. Frauen erschien das Land feindlich. Sie lebten isoliert, lebten in Angst. Die Männer fanden Gefallen an ihrer Rolle als sanfte Rauhbauze; die Zeiten änderten sich, wurden besser; die Männer schrieben ihre Rolle weiter und schreiben heute noch daran. Und sie merken nicht, daß ihre Frauen sich längst emanzipiert haben.

Entlang des sich über 85 Kilometer erstreckenden Overland Track durch den Cradle Mountain-Lake St. Clair National Park wachsen häufig Schraubenpalmen (Pandanus).

Es war in einem Pub. Die Trennung zwischen «Women's Lounge» – mit Zutritt für Männer – und der «Men's Bar» – Zutritt für Frauen verboten – ist seit etwa zwanzig Jahren aufgehoben. «Und es waren nicht die Männer», sagte Jennifer, «die das erreicht haben oder erreichen wollten.» Ein Pub. Woher, um Himmelswillen, beziehen Fremde ihre romantischen Vorstellungen darüber, wie ein «typisches» Pub innen auszusehen und was sich dort alles zu ereignen hat? Jedenfalls: Dieses Pub ihrer Sehnsucht werden sie nie finden. Ein Pub ist keine heimelige Stätte von Gemütlichkeit und bestimmt auch nicht der Platz für empfindsame Ästheten. Im Pub wird Bier ausgeschenkt, hauptsächlich Bier. Und in neun von zehn Fällen haben die Leute, die da zapfen, nicht den Ehrgeiz, in einem Charme-Wettbewerb Landesmeister zu werden, auch (therapeutische) Gesprächigkeit ist ihre Stärke nicht. Sie sind aufmerksam und schnell, Verkaufen ist ihr Job, sie sind indes höflich, aber maulfaul. Wie ihre Gäste auch.

In Tasmanien nennt man kleine Gletscherseen «Tarns»; hier der «Twisted Tarn» im Mount Field National Park.

SCHWARZE VERGANGENHEIT

Es war in einem Pub. An der Theke fiel ein Wort: «Blackfellas». Jennifer signalisierte: nein. Und so verschob ich die Frage auf später; diese Frage: «Wie war das damals mit den Aborigines?» Man hört so Geschichten ... «Wir Tasmanier von heute, streng gesehen Europäer», gab Jennifer die allgemeine Einstellung zum

Die Sir John Falls stürzen sich im Franklin Lower Gordon Wild Rivers National Park im Westen Tasmaniens in den Gordon River.

Thema wieder, «wir können für das, was vor mehr als hundertfünfzig Jahren geschehen ist an Brutalität, an Unmenschlichkeit, nicht verantwortlich gemacht werden.» Aber ... es ist geschehen.

Die ersten Entdecker der Insel beschrieben die Küste, wie sie vom Schiff aus zu sehen war, von «Wilden», von Menschen kaum ein Wort, eher Ahnungen.

Aber Menschen waren da. Schätzungsweise vier- bis fünftausend Ureinwohner lebten in kleineren oder größeren Familienverbänden übers Land verteilt. Zugewandert vom australischen Festland über die Landbrücke vor etwa 30 000 Jahren. Sie hatten weder Bumerangs noch Steinäxte, lediglich Holzspeere; keine festen Hütten und außer geflochtenen Körben keine Gefäße; sie kannten zwar das Feuer (vom Blitzschlag?), hüteten die Glut, konnten aber selber Feuer nicht entfachen; sie knüpften keine Schlingen, legten keine Fallen an. Sie waren nackte Primitive. Sie lebten anders und in einer anderen Welt als die Aborigines auf dem Festland. Bis etwa 1800 kam es zu einem halben Dutzend kurzer, flüchtiger Begegnungen zwischen Weißen und diesen Ur-Tasmaniern; die «Wilden» wurden als friedlich, fröhlich und umgänglich beschrieben, als gut genährt, kräftig und gesund.

Der Schnabeligel ist eines der wenigen tagaktiven Tiere Tasmaniens. In seinem zahnlosen Schnabel versteckt sich eine weit vorstreckbare wurmförmige Zunge, an der seine Beute haften bleibt.

Ihnen gehörte das Land. Alles Land. Die Siedler nahmen es sich einfach. Ein Krieg begann. 1803 ließ ein Leutnant Moore vom 102. Regiment das Feuer eröffnen auf eine Handvoll Aborigines, die ein Rudel Känguruhs vor sich hertrieben. Die «Blackfellas», die Männer und die Frauen, waren fortan Freiwild. Sie wehrten sich «mit Wildheit, wenn auch nicht mit dem kühlen Mut von Engländern» (zeitgenössisches Zitat). Entflohene Sträf-

Den Crater Lake mit seinem glasklaren Wasser im Cradle Mountain-Lake St. Clair National Park kann man auf einer zwei- bis dreistündigen Wanderung vom Cradle Valley (Waldheim Chalet) erreichen.

linge machten sich zu Anführern von Aborigines-Sippen, Vieh wurde gestohlen, Farmhäuser brannten. 1828 verhängte der neue Gouverneur George Arthur das Kriegsrecht über das Land. 1830 lief die Operation «Black Line» an: Fünftausend Mann, Soldaten und Farmer, durchkämmten wie auf einer Treibjagd das Land, um die restlichen Aborigines auf die Forestier-Halbinsel abzudrängen – sie fingen innerhalb von zwei Monaten einen alten Mann und ein Kind.

George Augustus Robinson, Bauunternehmer und Philanthrop, tief religiös, bot sich daraufhin dem Gouverneur als Vermittler an: die Überlebenden zu sammeln und sie zu bewegen, freiwillig in ein Reservat zu ziehen. Er rechnete mit einer Zahl von etwa 700, tatsächlich waren es keine 200 mehr, die bis 1834 nach Flinders Island «umgesiedelt» wurden. Ihr settlement dort nannten sie selber Wybalenna, ‹Häuser der Schwarzen›. Kinder wurden keine mehr geboren. 1847 lebten noch 47 tasmanische Aborigines. Das settlement wurde aufgelöst, seine Bewohner nach Oyster Bay (südlich von Hobart) gebracht – zum Sterben. William Lanney, der letzte männliche Ur-Tasmanier, starb im März 1868, Truganini, die letzte Tasmanierin überhaupt, überlebte ihn um ganze acht Jahre. Ein Volk war ausgestorben. (Oder müßte man ausgerottet sagen?)

«Das ist nicht wahr!», sagen Sprecher der rund sechstausend Aborigines, die heute wieder (erst seit 1960 als Staatsbürger anerkannt) in Tasmanien leben. Robbenschläger hatten 1827 Eingeborenen-Frauen nach Kangaroo Island, vor der Küste Süd-Australiens, verschleppt. Die schwarzen Tasmanier von heute verstehen sich als deren wieder zugewanderte Nachkommen. Jennifer:

Der Tasmanische Teufel ist halb so gefährlich wie sein Name vermuten läßt. Er frißt vor allem Aas, jagt aber auch Geflügel und Kleintiere. Das Beuteltier ist zum Staatssymbol Tasmaniens geworden.

Fortsetzung Seite 49

Reiche Holzvorkommen und Bodenschätze brachten im 19. Jahrhundert das große Geld. Heute sind viele Minen verfallen oder als Museum zu besichtigen.

1

«MINERS AND PINERS»

Holzeinschlag und Gruben in Tasmaniens Westen

«Eisenerz ist vorhanden, ebenso Kupfer, Blei, Zink und – wie man hört – auch wertvollere Metalle wie Silber, Platin und Gold» (Melville's Van Diemen's Land Annual, 1834). Aber noch vor den «miners», den Minenarbeitern, gingen die «piners», die Holzfäller, an die Arbeit.

Unter den botanisch nicht sehr präzise benannten «pines» in Tasmanien liefert die Huon-Kiefer (Lagarostrobos franklinii) das wertvollste Holz. Die Siedler erkannten das schon früh. Als Captain James Kelly im Januar 1816 von der Westküste berichtete, «we also found plenty of Huon pines», zogen ganze gangs von Holzfällern in die Wälder am Macquarie Harbour und an den Unterlauf des dort mündenden Gordon River. Zwei- bis dreitausend Bäume fielen jedes Jahr, die Stämme wurden erst nach Hobart verschifft, später erfolgte die Verarbeitung gleich vor Ort in einer Sägemühle und in einer Werft. Huon war das richtige Holz für Schiffbauer: leicht und weich, einfach zu bearbeiten, es schrumpft nur wenig, fault nicht, hält die Nägel gut und widersteht allen Schädlingen. Die Nachfrage nach Huon-Kiefern wuchs, die Wälder lichteten sich. Die piners arbeiteten einzeln oder in kleinen Gruppen an der ganzen Westküste zwischen Port Davey und dem Pieman River.

1871 entdeckte James Smith am Mt. Bischoff bei Waratah im Hinterland des Nordwestens reiche Zinnlager. Damit begann die Zeit der miners im Westen. Für fast ein Jahrhundert bestimmte Bergbau die Wirtschaft der ganzen Region. Gold und Silber, Kupfer und Zinn, Eisen, Blei, Zink, Wolfram – Tasmanien hatte alles. Die Gesellschaften bauten Städte in die Wildnis und ließen sie wieder verfallen, wenn die Vorkommen erschöpft waren. Waratah hat überlebt. Savage River, 44 Kilometer weiter, ist neu dazugekommen. Von hier wird Erzschlamm per Pipeline nach Port Latta transportiert. Roseberry lebt noch vom Bergbau. In den meisten Fällen indes hat ein nostalgischer Schimmer von «good old mining times» Platz gegriffen. Alte Minen sind für Besucher geöffnet (in Queenstown, Waratah, Roseberry), Museen eingerichtet worden (in Zeehan, in Beaconsfield im Tamar Valley).

In Strahan treffen die alten Zeiten der beiden Industrien aufeinander: Von hier aus drangen die piners immer tiefer in den Urwald ein; hier haben die miners von Queenstown den King River verseucht. Und von hier aus wurde die Blockade gegen den Staudamm-Bau am Gordon River 1982 organisiert. Im Informationszentrum wird eine alte Huon-Kiefer-Scheibe gezeigt, geschlagen 1975, knapp 450 Jahre alt ... und noch nicht einmal «erwachsen»; Huon-Kiefern brauchen wenigstens 500 Jahre bis zur Reife. Die großen Bestände in den Nationalparks sind geschützt. Dennoch wird heute mehr von dem Holz angeboten als je zuvor: Es stammt aus dem Gebiet, das 1975 im Lake Gordon-Stausee unterging.

2

Mit Ochsengespannen (1) *oder maschinell* (2) *wurden die gefällten Stämme in mühevoller Arbeit aus dem Busch gezogen; Blick in eine Kupfermine in West-Tasmanien* (3).

3

Die kleine Hafenstadt Strahan an der Westküste Tasmaniens lebt von Fischfang und Holzindustrie. Eine besondere Rolle spielten hierbei lange Zeit die sogenannten Huon-Kiefern (im Bild). Ihr Holz war vor allem für den Schiffbau geeignet. Heute stehen die Bäume unter Naturschutz. Nur noch eigens gepflanzte Huon-Kiefern-Bestände dürfen verarbeitet werden.

Die Lyell Mine, eine Kupfermine in Queenstown, kann man besichtigen. 1856 wurden in der Gegend Gold und andere Mineralien entdeckt. Queenstown nahm einen raschen Aufschwung und ist mittlerweile die größte Ortschaft im Westen Tasmaniens. Heute wird überwiegend Kupfer abgebaut und auch verhüttet.

Vom Overland Track fällt der Blick immer wieder auf Mount Ossa, den höchsten Berg Tasmaniens; hier beim Lake Windermere in den Pelion Plains.

1970 staute man den Lake Pedder (oben und unten) im Southwest National Park zur Elektrizitätsgewinnung zu seiner heutigen Größe auf. Er paßt sich aber wie ein natürlicher See in die Landschaft ein und ist ein beliebtes Ziel für Angler, Kanuwanderer und Camper (siehe auch Seite 77).

«Klar, nur so können sie nach der Land Rights Bill Entschädigungen und Land, das einst ihren Vorfahren gehört hatte, für sich reklamieren.» Dagegen ein Aborigine: «Die Regierung beharrt auf ihrer Meinung, die Aborigines der Insel seien mit Truganini ausgestorben. Die Überlegung dahinter ist klar: keine tasmanischen Aborigines, keine Ansprüche.»

WO, BITTE, GEHT'S ZUM BUSCH

Der Lyriker Les A. Murray bescheinigt dem Busch, er sei «ein anständiger Gegner. Er kann dein Leben kosten oder dein Herz brechen.» Und Busch ist überall, wo nicht zufällig eine Stadt steht, Schafe und Rinder weiden oder Äcker angelegt sind. Der Busch ist nahe. Von Downtown Hobart aus sind es gerade fünf Minuten Fahrt mit dem Auto. Busch ist das Gegenteil von Komfort und Annehmlichkeit, nämlich: Schweiß und Schinderei, Wind und Wetter, eine unerklärliche Unsicherheit ... ja, Angst (Schlangen?, No worries, Miss!). Der Gegenwert sind einmalige Erlebnisse, nie gesehene Bilder. Busch ist noch Wildnis und läßt (menschliche) Fehler nicht immer ungestraft durchgehen; es ist eine Herausforderung.

Im Wald an der Bluestone Bay, Freycinet Peninsula, war das Feuer schon weit herabgebrannt. Unter den Bäumen, irgendwo, unsichtbar, spielte eine Fidel. Ich lehnte mich zurück gegen einen Baum. Love is in the air ... Da schmeichelte Seidenweiches um meinen Hals. Da waren aber auch Krallen spürbar, tastend und nadelspitz, aber vorsichtig. Was ...?? Possums. Wieselgroße Ringbeutler, possierlich und harmlos. Nachtjäger. Ich hatte Äpfel im Rucksack und schnitt einen für sie auf. Eine Stablampe zickzackte zwischen den Stämmen durch. Ein Ranger führte eine Gruppe Nachtwanderer durch den Wald: «Hast du vielleicht Possums gesehen?» – Busch ist vielfältig. Alpin am Cradle Mountain mit Mooren und Seen, Flechten und Farnen; coastal auf dem Küsten-Track vom Mt. Melaleuca (595 m) zum Cockle Creek im Southwest Nationalpark und ein Waldgebirge, ein Urwald am Gordon und am Franklin River, wilde Wasser, Canyons.

«Du kannst nicht sagen, daß du in der Wildnis gewesen seist», schreit mir der Pilot ins Ohr, «wenn du nicht hier ...» Da unten: der Franklin River. Ich sehe zwei Schlauchboote, völlig verlassen in diesem Wald und auf diesem Fluß. Im Osten hängen Regenwolken in den Bergen. Die kleine Maschine wird vom Wind gebeutelt. Dann: «Der Gordon River. Wir landen.» Das Flugzeug sinkt unter die Baumwipfel, folgt den Flußwindungen (es wird verdammt eng) ... und wassert. Da ist ein Anleger, ein Pfad beginnt und verliert sich im Wald. Das Wasser ist braun, moorig, aber es schmeckt

Das Rotbauchfilander (Red Bellied Pademelon), eine kleine Kängurubart, kommt nur auf Tasmanien vor. Im Gegensatz zu nachtaktiven Beuteltieren wie dem Tasmanischen Teufel kann man es auch häufig tagsüber beobachten.

Wombats sind überall auf Tasmanien verbreitet. Die «Plumpbeutler» können auf ihren kurzen Beinen erstaunlich schnell laufen. Sie leben in gut ausgebauten Höhlensystemen, sind Vegetarier, gutmütig und werden daher sogar manchmal als Haustiere gehalten.

Häufig trifft man in Tasmanien auf Blauzungenskinke (Blue tongued lizards). Ihre kobaltblaue Zunge strecken sie einem Feind zur Abschreckung entgegen. Die Ureinwohner schätzten sie als kulinarische Delikatesse.

Landschaft am Highway A 10 südlich von Bronte Park. Das hügelige Grasland ist typisch für diesen Teil Zentraltasmaniens.

herrlich, weich. Die beiden Rafts, die wir vorhin gesehen haben, wann werden die hier sein? «In vier, fünf Tagen vielleicht.» Mutterseelenallein unterwegs. Und der Wald wächst über ihnen zu. Wir starten wieder.

Sie nennen es Buschwandern. Kleine Touren mit kleinem Rucksack, Wasserflasche und etwas Verpflegung; große Touren, eine Woche lang und länger, voll bepackt mit Zelt und Kerosinkocher, Nudelpaketen, Plastikbeuteln («take your litter home») und Regenzeug. Die offizielle Broschüre des Departments of Parks, Wildlife and Heritage vermerkt für den Southwest (Melaleuca) Track trocken: «Rechnen Sie damit, daß es jeden zweiten Tag regnet», auf dem populären Overland (Cradle Mountain) Track sind «Schnee, Graupel, Hagel, Regen und Nebel zu jeder Zeit möglich, auch im Sommer», und den Rafters auf dem Franklin River wird geraten, wenn die Verhältnisse einmal zu schwierig werden – to walk out. Wohin bloß? Der Wald (Nationalpark) ist 440 000 Hektar groß.

Komfortable Lodges, an die Grenzen der Nationalparks gebaut und mit dem Wagen zu erreichen, machen es den Zögerlichen leicht, Natur zu erleben, ohne sich mit ihr messen zu müssen. Wo einen am Morgen Vögel wecken, die man nicht einmal dem Namen nach kennt; wo man tagsüber auf nature trails geht, den «Sundowner» auf einer Veranda nimmt, am Abend – «weather permitting» – im Freien ißt und wo im Kamin die halbe Nacht ein Feuer brennt. Zwei kichernde Japanerinnen trauen sich nicht ans Fenster, sie fürchten den Blick des Tasmanischen Teufels und versuchen sich lieber an einem 5000-Teile-Puzzle: «Englische Parklandschaft».

Die Russell Falls im Mount Field National Park sind vom Parkplatz bei den Park Headquarters auf einer gemütlichen Wanderung von einer halben Stunde Dauer zu erreichen.

Vom 1617 Meter hohen Mount Ossa hat man einen herrlichen Blick auf die Bergwelt des Cradle Mountain-Lake St. Clair National Park.

LÄNDLICHE IDYLLEN

Die Zeitungen haben es jetzt jeden Tag auf der ersten Seite: die Positionen der Jachten in der jährlichen Sydney-Hobart-Regatta. Über hundert Teilnehmer melden jedes Jahr für diesen Weltklassiker. In der Nacht vom 29. zum 30. Dezember werden die letzten Boote den Derwent River hinaufsegeln, gewissermaßen mitten in die Stadt hinein. Volksfest-Stimmung im Hafen und in der ganzen Stadt. Ich muß nach Hobart. Unterwegs Five-o'clock-tea in Campbell Town. Ein Landstädtchen an der A 1, im Reiseführer gelobt: «Es gibt schöne alte Häuser, das Campbell Town Inn (1840), die Old Brewery (1846)». Kolonialarchitektur in honigfarbenem Sandstein. Alte Familien (für hiesige Verhältnisse) leben hier, Schafzüchter aus Schottland. Viele von ihnen haben sich seinerzeit ihre Häuser von billigen Arbeitskräften errichten lassen; von Sträflingen mit einem ticket of leave. Die haben auch die erste Brücke im Ort über den Elizabeth River gebaut. Sie gilt – allein deswegen – als Sehenswürdigkeit. Schafzüchter? Am Nebentisch sind sie miteinander im Gespräch. Nicht laut. Sie sind Herren auf eigenem Land. Es gibt Neues: Wenn das stimmt, was in der Zeitung steht ... Man injiziert den Schafen eine Eiweißverbindung. Die unterbricht das Wachstum der Wolle für kurze Zeit, so entsteht eine Art «Sollbruchstelle» im Fell. Ja, und? Mann, da brauchst du nur noch einmal kräftig zu ziehen, und der jumbuck steht nackt da. Das geht schneller als'n Reißverschluß. Ein Strip, sozusagen. Mann, das wär' wie Revolution. Keine Scherer mehr. Draußen zieht Regen auf. Himmel, die Schafe müssen in den

Camp am Louisa River ganz im Süden des Southwest National Parks. Im Park sind offene Feuer verboten, zum Kochen muß man einen Kerosinkocher mitnehmen.

Von Strahan aus kann man den Gordon River per Schiff erkunden. Entlang des Flußlaufs stehen dichte, unzugängliche Regenwälder. Hier gibt es die letzten größeren Huon-Kiefern-Bestände (siehe auch Seite 45).

Wer interessiert ist, kann sich in Tasmaniens Südwesten auf angelegten Wegen das komplizierte ökologische System des Regenwalds erwandern.

WIE FUNKTIONIERT EIN REGENWALD

Botanische Exkursion zu «Tea-tree» und «Sassafras»

Regenwald klingt nicht reisefreundlich. Regen! Der Begriff – in der Nähe von Dschungel angesiedelt – ist belastet: dumpf, unwegsam, gefährlich, man

denkt an Schlangen und Insekten. Regenwald paßt zu «Expedition», nicht jedoch zu «Wanderung». Und schließlich: Regenwald wird rücksichtslos abgeholzt. Rettet den Regenwald!

Tasmaniens Regenwald, sehr verschieden von den Regenwäldern auf dem australischen Festland, wächst auf einer Fläche von knapp achttausend Quadratkilometern, die Hälfte davon ist in Nationalparks geschützt. Die großen geschlossenen Waldgebiete liegen im Westen des Landes. Es ist ein «kühlgemäßigter Regenwald» (cool temperate rain forest), den die Forstleute noch einmal in fünf verschiedene Typen unterteilen, wobei die Unterscheidung nach den Pflanzenarten, die an den einzelnen Standorten vorkommen, erfolgt.

Der «Callidendrous»- und der «Thamnic»-Typ sind die am weitesten verbreiteten (Franklin-Gordon Wild Rivers, Southwest Nationalpark), ihre «Charakterbäume» sind *Myrtle Beech*, eine Südbuche, *Sassafras*, eine nur hier vorkommende Konifere, der *Tea-tree*, ein übergroßer Strauch (aber nicht der Teestrauch!), *Leatherwood* und die Fichten: *King Billy-*, *Celery top-* und die berühmteste von allen, die *Huon Pine*. Im Gegensatz zum

Zum «obersten Stockwerk» im Regenwald gehört die Huon-Kiefer, die bis zu 50 Meter Höhe dem Licht entgegenwächst (oben); Farne hingegen gedeihen am nährstoffarmen Boden (unten).

tropischen Regenwald sind Stütz- und Brettwurzeln hier selten, das Wurzelwerk ist flach, die Blätter sind schmaler. Lianen und Palmen kommen in den Regenwäldern Tasmaniens gar nicht vor.

Der Regenwald ist in unterschiedlichen «Stockwerken» aufgebaut, die Baumkronen erreichen Höhen von 45 bis 50 Meter, der Kampf ums Licht ist mörderisch. Der ausgewaschene Boden bietet nur wenig Nährstoffe. Hier wachsen Farne, Flechten und Moose. Regenwald ist ein geschlossenes, empfindliches und äußerst kompliziertes Ökosystem mit einem schnellen Kreislauf der Stoffe.

Die Waldbehörde hat in 17 Regenwaldgebieten Wanderwege angelegt, zum Teil als Bohlenwege zum Schutz der Vegetation und in lediglich zehn bis zwanzig Minuten zu begehen. Sie sind als Einführung gedacht, als «Schnupperkurs» für alle, die es mit dem Regenwald nicht in tagelangen Touren aufnehmen wollen. Informative Flugblätter helfen dabei, den alten Spruch zu widerlegen, daß noch keiner dumm in den Wald hineingegangen und klug wieder herausgekommen sei. Wahrscheinlich aber – naß. In den westlichen Nationalparks liegt die durchschnittliche Niederschlagsmenge bei 2500 Millimeter pro Jahr, es regnet an gut und gern dreihundert Tagen.

Eine echte Herausforderung für Buschwanderer stellt der South Coast Track im Southwest National Park dar. Ihn sollte man nur in einer Gruppe und als erfahrener Outdoor-Wanderer begehen. Der Pfad ist oft morastig, und das Wetter ist sehr unzuverlässig. Schwierige Stellen wurden von Rangern befestigt, wie auf den Rocky Plains mit eingekerbten Baumstämmen (unten). Über lange Strecken führt der Track direkt am Strand entlang, doch werden Kaps häufig überquert: hier die Shoemaker Bay (oben).

Schuppen! Morgen kommen die Scherer, und nasse Wolle scheren ...?! «Kann ich helfen?» Da sind Stiefel, da ist ein Hut, ein Ledermantel, ein Motorrad – ab! Schaftreiben mit dem Geländekrad.

«Und Sie bleiben länger hier?» Ein kleine Verwunderung ist in der Frage, vielleicht Freude. Hier am Ende der Welt. «Manchmal hat man das Gefühl, daß das Leben hier in Tasmanien einfach an einem vorbeizieht, das wirkliche Leben. Von den Jungen ziehen viele aufs Festland. Es ist ihnen zu still, zu langsam, und es fehlen die Jobs. Und wir werden alt und merken's nicht.» Die Städtchen sind ruhig, leise. Die Menschen sind bedächtig. Sie haben keine Angst vor der Zukunft, aber: was erwarten sie von ihr? Was können sie erwarten? Veränderungen kommen langsam auf der Insel. Tasmanien liegt 240 Kilometer, eine Flugstunde – und zwanzig Jahre hinter dem Festland, under down under.

HOBART UND DIE SÜNDE

«Tasman blue». Das ist das reinste Blau. Über Hobart spannt sich der Himmel «tasman blue». Keine andere tasmanische Stadt (und außer Sydney keine andere australische) ist schöner gelegen. Der Derwent River erweitert sich hier zu einem breiten Mündungstrichter. Das ist keine pazifische Szenerie, das ist Fjordland oder, von den Hügeln von Knocklofty aus gesehen, unten die (unordentlich gewachsene) Stadt an der Bucht, links die Tasman Bridge, das ist ein bißchen wie am Golf von Neapel – ohne den Vesuv halt. Hobart ist eine Hauptstadt, die man ohne Zögern «gemütlich» nennt, die mainlander unterlegen das Wort mit Herablassung; ausgerechnet die: 1973, als hier das Wrest Point Hotel Casino als erstes Spielkasino Australiens eröffnet wurde, eine politisch brisante und umstrittene Entscheidung (auf dem Festland war damals Glücksspiel noch verboten), waren sie es doch, die «Gambling Packages» buchten, Kasino-Inklusive-Trips in das «sündige» Hobart. – Hobart und die Sünde. Das gab's nur einmal: vor hundertfünfzig Jahren, als die Walfänger sich hier ausrüsteten. Kontore und Speicher. Mastenwälder an den Kais und Segelmacher, Walölfässer, Kaschemmen, und krakeelende Matrosen, die Taschen voller Geld, schlugen sich um die Mädchen vom Salamanca Place. «And his ghost may be heard as you pass ...» Nein, die Geister jener Zeit würden sich nicht mehr zurechtfinden in Battery Point und am Salamanca Place. Der koloniale Chic der alten Viertel ist mit viel Geld und sorgfältig restauriert worden, und jeden Samstag ist Flohmarkt. «Wenn ich es nicht besser wüßte», sagt ein amerikanischer Tourist, «könnte ich glauben, ich sei hier in Fisherman's Wharf in San Francisco.» Solches Lob zählt.

Erholungspause am Point Eric, der ersten Etappe des South Coast Track. Die schweren Wanderstiefel aufgeschnürt, erholen sich die gequälten Füße.

Entlang des South Coast Track sind Brücken unbekannt. Muß man einen Fluß überqueren wie hier am McKays Creek, hilft nur eins: die Kleidung ablegen, den Rucksack auf dem Kopf balancieren und durch die Fluten waten.

Lohn der Anstrengung: Die New River Lagoon am South Coast Track mit Blick auf den Precipitious Bluff.

Auf dem Weg zu den Liffey Falls, die man bei einem Ausflug von Deloraine aus besuchen kann.

SILVESTER, 30 GRAD CELSIUS

Silvester in Hobart. 30 Grad Celsius. Dinner in den Hügeln über der Stadt. Was für ein Panorama! Die Gäste haben wieder diese albernen Hütchen auf dem Kopf. Sie tanzen. Sie reden. Sie ziehen mich ans große Fenster. Ein Logenplatz. Und der Countdown läuft. Noch zehn Sekunden ... fünf ... Lichter in der Stadt. Lichter auf dem Fluß. Lichterbögen auf der Tasman Bridge. Noch eine Sekunde. Der Himmel über Hobart explodiert. Happy New Year.

This other England, Tasmanien, hat sich eingerichtet zwischen einer – aus europäischer Sicht – jungen Vergangenheit von knapp zweihundert Jahren und einem leicht zeitversetzten Heute. Es läßt sich nicht pushen. Es hat sein eigenes Tempo, seine ganz eigene Art. «Dies ist ein völlig ungeeigneter Ort für Gentlemen», schrieb ein Samuel Smith Travers nach seiner Ankunft in Hobart, 1870, nach Hause, «weil man nirgendwo Tennis spielen kann.» Und dann gründete er den Royal Tennis Court. So haben es die Tassies, die keine dinkum Aussies sein wollen, immer gehalten: Wenn eine Notwendigkeit erkannt war, ist Abhilfe geschaffen worden. Nach gründlichem Nachdenken. So haben sie den Makel ihrer Herkunft – Kettensträflinge! – ins genaue Gegenteil verkehrt. (Und sie haben die Aborigines aus ihrer eigenen Geschichte in eine andere, irgendeine, verdrängt.) Sie schönen Realität nicht bewußt, sondern intuitiv. Sie sind, alles in allem, (wohlhabende) Lebenskünstler, skeptische Optimisten, die nicht wissen wollen, was ein Problem ist, und die Schlußfolgerungen scheuen. Sie ertragen es mit Gelassenheit, wenn Aussies sie mit mildem Spott als «Hinterwäldler» ansehen; sie wissen, daß dies nicht wahr ist.

Tasmanier sind, anders als ihre Landsleute vom Festland, keine lauten Patrioten, und «Crocodile Dundee» ist ihnen alles andere als eine Leitfigur. Sie neigen nicht (mehr) zu Abenteuern. Sie sind sehr gesittete Bürger in einem sehr gesitteten Land und im besten Sinne des Wortes – *British*.

Tasmanien, wie es Touristen sehen, unterscheidet sich von dem Land, in dem Tasmanier leben. Das ist überall auf der Welt so. Aber der Unterschied ist hier nicht ganz so kraß. Tourismus führt hier kein Eigenleben, er ist, ohne daß viele Worte darüber verloren werden, in den Alltag der Tassies integriert ... und das ist keine Selbstverständlichkeit heutzutage. Tasmanien ist dennoch kein Paradies, aber man kommt ihm hier, nach eigener Einschätzung, halt «doch verdammt nahe».

«And you're bloody welcome here».

Die Russell Falls sind einer von mehreren beeindruckenden Wasserfällen im Mount Field National Park.

Cloudy Bay auf Bruny Island. Die dünnbesiedelte Insel vor der Südostküste Tasmaniens erreicht man mit der Fähre von Kettering aus.

INHALT

BEVÖLKERUNG. Auf der Insel leben 460 000 Menschen. Statistisch gesehen entspricht dies einer Bevölkerungsdichte von knapp sieben Personen pro Quadratkilometer. Die meisten Tasmanier wohnen jedoch an der Küste, allein in Hobart, der größten Stadt Tasmaniens, leben rund 180 000 Menschen, in Launceston, der zweitgrößten Stadt, 94 000 Menschen und in Burnie und Devonport zusammen 80 000 Menschen. Das Innere Tasmaniens ist nur dünn besiedelt, weite Gebiete, vor allem im Westen und Südwesten der Insel, sind menschenleer. Kein Ort ist mehr als 115 Kilometer vom Meer entfernt.

ALLGEMEINE INFORMATIONEN

GEOGRAPHIE. Tasmanien ist mit 68 331 Quadratkilometern der kleinste Bundesstaat des Commonwealth of Australia. Dies entspricht 0,9 Prozent der Gesamtfläche Australiens. Die größte Nord-Süd-Ausdehnung beträgt 300 Kilometer, die Ost-West-Ausdehnung 320 Kilometer. Zu Tasmanien gehören noch einige vorgelagerte kleinere Inseln wie Flinders-, King- und Bruny Island. Vom australischen Festland ist Tasmanien durch die etwa 240 Kilometer breite Bass Strait getrennt. Die 5400 Kilometer lange Küste ist gegliedert in Halbinseln und zahlreiche Buchten, von denen einige an Fjorde erinnern. Häufig trennen felsige Klippen das Land vom Meer. Im Norden erstreckt sich ein schmales Küstenvorland, im Osten prägen Strände den Küstenverlauf, die West- und Südwestküste sind nur wenig erschlossen. Das Landesinnere wird von seenreichen Hochplateaus bestimmt. Höchste Erhebung ist mit 1617 Metern der Mt. Ossa. Fast die Hälfte (47 Prozent) der Gesamtfläche Tasmaniens wird von Wäldern eingenommen, 30 Prozent werden landwirtschaftlich genutzt, über ein Fünftel (21,6 Prozent) ist als Nationalpark bzw. Naturreservat ausgewiesen.

POLITIK UND VERWALTUNG. Als einer der sechs föderativen australischen Bundesstaaten hat Tasmanien eine Regierung, ein Parlament sowie einen Gouverneur als

Oben: Vom Serpentine Dam am Nordufer des Lake Pedder hat man einen herrlichen Blick über den Stausee im Southwest National Park.

Links: Das Huon Valley ist als Zentrum des Obstanbaus in Tasmanien bekannt. Lange Zeit wurden in dem rund 40 Kilometer südwestlich von Hobart gelegenen Tal vor allem Äpfel geerntet.

Tasmanien ist in etwa so groß wie Bayern oder Irland. Es vereint eine Vielzahl unterschiedlichster Landschaften auf vergleichsweise engem Raum. Große Teile der Insel stehen unter Naturschutz und gehören zur World Heritage List der UNESCO.

Vertreter des formellen Staatsoberhaupts Königin Elizabeth II. von England. Sitz der Staatsregierung ist Hobart. Es besteht eine allgemeine Wahlpflicht.

WIRTSCHAFT. Landwirtschaft, Bergbau und Tourismus sind die Basis der tasmanischen Wirtschaft. In der Landwirtschaft spielen vor allem die Schafzucht mit fünf Millionen Schafen und die Rinderzucht mit 700 000 Rindern sowie der Obst- und Gemüseanbau (Äpfel, Zwiebeln) eine große Rolle. Im Bergbau werden haupt-

WAS ZÄHLT IN TASMANIEN:
Maße und Zahlen auf einen Blick

Zeit
Tasmanien gehört zum Bereich der Eastern Standard Time (MEZ plus 9 Stunden). Während der australischen Sommerzeit (von Oktober bis März) rechnet man eine Stunde dazu.

Maße/Gewichte/Temperaturen
In Tasmanien gilt das Dezimalsystem, Entfernungen werden in Kilometer angegeben, Gewichte in Kilogramm, Hohlmaße in Liter und Temperaturen in Grad Celsius.

Elektrizität
Die Netzspannung beträgt 240 Volt. Norm-Stecker aus Europa können nur mit einem Adapter benutzt werden.

Geld und Zahlungsmittel
Zahlungsmittel ist der Australische Dollar ($A), der in 100 Cent unterteilt ist. Banknoten gibt es im Wert von 5, 10, 20, 50, 100 und 200 Dollar, Münzen im Wert von 1 und 2 Dollar und 5, 10, 20 und 50 Cent. Kreditkarten sind üblich, Travellerschecks werden häufig akzeptiert.

Telefonieren
Ferngespräche können von Privatanschlüssen, Hotels und den meisten Telefonzellen geführt werden. Vorwahl für Deutschland: 00 11 49, für Österreich: 00 11 43, für die Schweiz: 00 11 41. Vorwahl für Australien: 00 61. Telefonkarten (phonecards) gibt es im Wert von 5, 10 und 20 Dollar.

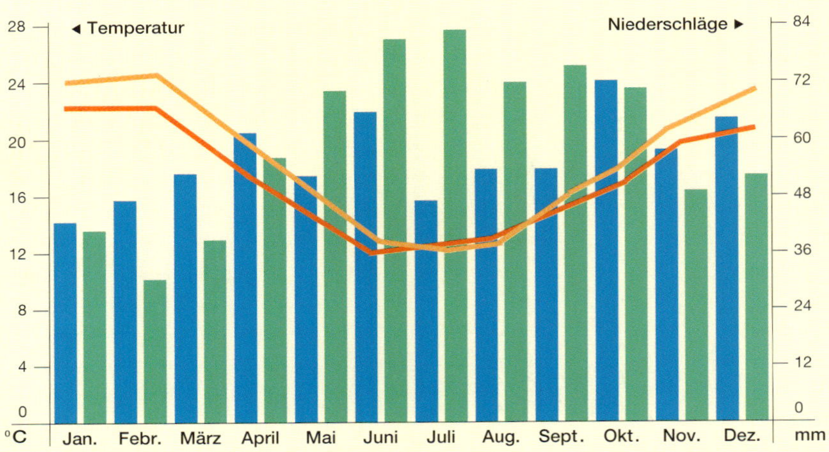

Durchschnittl. Tageshöchsttemperaturen (°C): Hobart, Launceston
Durchschnittliche Niederschläge (mm): Hobart, Launceston

Entfernungen in Kilometer	Bicheno	Cradle Mtn.	Deloraine	Devonport	Evandale	Hobart	Huonville	Launceston	Port Arthur	Queenstown	Strahan	Strathgordon	Wynyard
Bicheno	·	293	189	240	142	179	217	159	226	348	388	337	305
Cradle Mtn.	293	·	104	86	163	332	370	153	407	297	308	381	131
Deloraine	189	104	·	51	59	228	266	49	303	205	244	279	119
Devonport	240	86	51	·	108	279	317	100	353	229	245	330	69
Evandale	142	163	59	108	·	181	219	20	256	244	284	300	176
Hobart	179	332	228	279	181	·	38	198	99	256	296	158	342
Huonville	217	370	266	317	219	38	·	236	137	294	334	196	380
Launceston	159	153	49	100	20	198	236	·	271	254	294	317	166
Port Arthur	226	407	303	353	256	99	137	271	·	358	398	257	422
Queenstown	348	297	205	229	244	256	294	254	358	·	40	288	187
Strahan	388	308	244	245	284	296	334	294	398	40	·	328	201
Strathgordon	337	381	279	330	300	158	196	317	257	288	328	·	397
Wynyard	305	131	119	69	176	342	380	166	422	187	201	397	·

1

2

3

4

1 Von Strahan an der Westküste Tasmaniens kann man mit kleinen Wasserflugzeugen die unzugänglichen Regenwaldgebiete entlang des Unterlaufs des Gordon River erkunden.

2 Geheimnisvoll im Nebel liegt die James Tarn, ein kleiner Gletschertümpel im Mount Field National Park im südlichen Teil Zentraltasmaniens.

3 Dieser prächtige Regenbogen erhebt sich über den Wipfeln des Regenwalds im Southwest National Park in den Himmel.

4 Die Autofähre «Abel Tasman» verkehrt zwischen Melbourne und Devonport, der drittgrößten Stadt Tasmaniens. Die Überfahrt dauert knapp 15 Stunden.

5 Evandale wurde im Jahr 1829 gegründet. Das «Historic Village» im Süden von Launceston lockt mit zahlreichen gut erhaltenen Gebäuden.

6 Fischer bei Southport, einer kleinen Hafenstadt südlich von Hobart.

sächlich Zink, Zinn und Blei gefördert. Die wirtschaftliche Bedeutung des Fremdenverkehrs hat mit der steigenden Zahl der Tasmanienbesucher zugenommen.

KLIMA/REISEZEIT. Das Klima ist maritim. Im Gegensatz zum australischen Festland gibt es auf Tasmanien vier ausgeprägte Jahreszeiten. Sommer ist von Dezember bis Februar, Herbst von März bis Mai, Winter von Juni bis August und Frühjahr von September bis November. Die Sommer sind warm, erreichen aber selten 30 Grad Celsius oder mehr. Die Winter sind kühl, Frost ist – außer in den Bergen – selten. Im Westen und im zentralen Hochland ist es kühler und regnerischer als in den übrigen Regionen, hier fällt durchschnittlich 2400 Millimeter Niederschlag im Jahr. Auf plötzliche Wetterstürze muß man – insbesondere im Hochland – immer vorbereitet sein, selbst im Sommer kann es Schneefall geben und im Winter können Blizzards auftreten.
Die beste Reisezeit ist von November bis März, für Buschwanderungen oder Trekkingtouren eignet sich besonders der Februar. Warme Kleidung sowie Wind- und Regenschutz sollte man immer mitführen.

VERKEHR. In Tasmanien herrscht wie im übrigen Australien Linksverkehr. Das Straßennetz ist gut ausgebaut, nur im Westen und Südwesten weist es größere Lücken auf. Die Straßen sind ausreichend beschildert, der Verkehr ist eher gering. Es besteht eine Anschnallpflicht. Die Alkoholgrenze liegt bei 0,5 Promille. Wenn nicht anders ausgeschildert, gilt in Ortschaften eine Höchstgeschwindigkeit von 60 km/h, auf Land- und Fernstraßen 100 km/h. Ausländische Führerscheine werden drei Monate lang anerkannt. In allen größeren Städten sowie an den Flughäfen kann man einen Mietwagen oder Campervan bzw. Motorhome mieten.
Regelmäßige Flugverbindungen innerhalb Tasmaniens bestehen zwischen Hobart und Launceston, Devonport, Burnie und Queenstown bzw. Strahan, ebenso nach Flinders- und King Island.

ANREISE · EINREISE

Hobart besitzt zwar einen internationalen Flughafen, aber Direktflüge von Europa nach Tasmanien gibt es nicht. Die Anreise erfolgt über Melbourne oder Sydney mit täglichen Anschlußflügen nach Hobart und Launceston. Zwischen Melbourne und Devonport verkehrt dreimal wöchentlich das moderne Fährschiff «Spirit of Tasmania», die Nachtfahrt dauert etwa 14 Stunden.
Für die Einreise nach Australien benötigt man einen noch mindestens drei Monate gültigen Reisepaß und ein Visum, das von der Australischen Botschaft, Godesberger Allee 105–107, 53175 Bonn, und allen anderen australischen Botschaften kostenlos ausgestellt wird. Impfungen sind für Reisende, die nicht aus Infektionsgebieten kommen, nicht vorgeschrieben.

5

6

AUSKUNFT

Informationen über Tasmanien erhält man beim Tasmanischen Fremdenverkehrsbüro Tourism Tasmania, Neue Mainzer Straße 22, 60311 Frankfurt, Telefon: 069 / 27 40 06 20, Fax: 069 / 27 40 06 40. Die «Aussie-Helpline» ist ein Service-Telefondienst: 01 30 / 82 51 82. Prospekte können über folgende Telefonnummern angefordert werden: 01 30 / 82 51 84 (Deutschland), 06 60 / 89 02 (Österreich), 155 / 48 29 (Schweiz). In der jährlich neu aufgelegten Broschüre «Australia» (zu beziehen über Tourism Tasmania) nimmt Tasmanien naturgemäß nur einen kleinen Raum ein, die allgemeinen Reiseinformationen und Übersichten sind aber in jedem Fall sehr informativ und hilfreich.

KOST UND LOGIS

UNTERKUNFT. In Tasmanien muß niemand auf dem Liegesitz des Autos übernachten. Dem Besucher steht von der einfachen «Bed & Breakfast»-Übernachtung bis zum Mehr-Sterne-Hotel die gesamte Palette der Übernachtungsmöglichkeiten offen. Wer sich mit einem besonderen Flair umgeben möchte, sollte eine «Heritage accomodation» als Unterkunft wählen. Hier wohnt der Gast in alten Herren- und Bürgerhäusern, in historischen Inns und Cottages und auf Farmen. Das hat Charme, nicht selten Eleganz, der aber manchmal durch den Nippes der Besitzer neutralisiert wird. Das 1890 erbaute «Franklin Manor» in Strahan ist zum Beispiel ein ehemaliger Herrensitz, die «Norfolk Bay Convict Station» in Taranna bei Port Arthur wurde ursprünglich von Sträflingen erbaut, und das «Prince Albert Inn» aus dem Jahr 1850 in Launceston kann sogar mit einem «Honeymoon room» aufwarten. Es gibt Hunderte dieser Heritage-Häuser in Tasmanien. Alle sind renoviert, restauriert und mit den Annehmlichkeiten ausgestattet, die Reisende heute erwarten. Die meisten dieser Häuser sind in Privatbesitz, die Gäste werden als (zahlende) Freunde des Hauses behandelt (siehe Seite 67). Das gilt ebenso für die Home- und Farmstays wie die «Rosehill Quarters», die früheren

RIESLING AM ENDE DER WELT

Die tasmanischen Weinanbaugebiete liegen im Tamar Valley (bei Launceston und George Town), an den Hängen des Derwent River, im Huon Valley (bei Hobart) und auf der Freycinet-Halbinsel. Die rund 45 Weingüter («wineries») sind jung, die meisten klein mit nur wenigen Hektar Rebfläche, ihre Weine sind ... aufregend (zum Beispiel der Pinot Gris von Pipers Brook Vineyard). Im kühlen Klima der Insel bringen frühreife Rebsorten wie Chardonnay, Pinot Noir, Pinot Gris, Cabernet Sauvignon, Gewürztraminer und Riesling die besten Erträge. Die Winzer sind ebenfalls jung, engagiert, und die Regierung unterstützt sie mit einer Art Weingesetz, das sie in ihrer Experimentierfreudigkeit nicht einschränkt, ihnen aber Schutz gibt: «Appellation of origin», tasmanische Weine sind zu hundert Prozent tasmanisch. Die tasmanischen Winzer produzieren zusammen etwa 700 000 Liter pro Jahr.

Quartiere der Schafscherer in Jericho in den Midlands; das Sandstein-Cottage wird heute an Selbstversorger vermietet.

In den Nationalparks kann der Besucher in sogenannten «Lodges» übernachten. Die bekannteste in Tasmanien ist die «Cradle Mountain Lodge» im Norden des Cradle Mountain-Lake St. Clair Nationalparks, eine Anlage mit insgesamt vierzig Hütten. Am Abend kann man beim Füttern des Tasmanischen Teufels zusehen. Die Blockhäuser der «Lemonthyme Lodge» liegen im gleichen Gebiet. Am Eingang zum Freycinet Nationalpark wurden zwei Lodges errichtet, die «Freycinet Lodge» an der Westküste der Halbinsel und die Öko-Lodge «Friendly Beaches» an der Ostküste.

ESSEN. «Enjoy your meal!» Ob das Menü auf eine große Schiefertafel geschrieben ist oder der Karte entnommen werden muß, es wird überwiegend einheimisches Essen angeboten: Roastbeef, Lamm, seltener Schweinefleisch. Im Gegensatz zu einigen australischen Bundesstaaten findet sich auf der Speisekarte auch Känguruhfleisch, das wie Wild schmeckt. In einem vom Meer umspülten Land dürfen Meeresfrüchte wie Hummer, Krabben, Austern, Lachs sowie Forellen und Flußkrebse auf der Speisekarte nicht fehlen. Auch Gemüse und Obst aus eigener Produktion wird reichlich angeboten.
Barbecue ist Essen nach Art des Landes. Nicht nur für private Haushalte, auch für viele Hotels und Restaurants ist Barbecue während des Sommers eine feste Einrichtung. In Nationalparks, an Stränden und sogar in kleinen Stadtparks sind Grill- oder Picknickplätze ausgewiesen.

TRINKEN. In Hobart gibt es die älteste Brauerei Australiens, die «Cascade Brewery», und in New Norfolk steht das älteste Pub, das «Bush Inn», in dem seit

1825 Bier ausgeschenkt wird. Hotelbars und Pubs mit Schanklizenz haben bis 24 Uhr geöffnet (Pubs machen schon mal früher zu, wenn der letzte Gast gegangen ist). Restaurants ohne Alkohollizenz tragen den Zusatz BYO (Bring Your Own). Dort kann der Gast sein Bier, seinen Wein oder sonstige alkoholische Getränke selbst mitbringen. Alkoholika bekommt man in Bottle Shops, – die sieben Tage in der Woche geöffnet sind.
In den letzten zwanzig Jahren entdeckten die Tasmanier verstärkt den Wein und bauen seitdem selbst Wein an. Zur Zeit gibt es auf der Insel über vierzig Weingüter, die auch zu Weinproben einladen.

Oben: Marion's Vineyard am Tamar River bei Launceston ist eines von knapp 50 Weingütern auf Tasmanien.

Links: Das historische «Batman Fawkner Inn» in der Cameron Street in Launceston wurde um 1820, in den Anfangszeiten der Stadt, errichtet.

Ganz links: Die «Cascades Brewery» in Hobart ist die älteste Brauerei Australiens.

DAS ERBE DER GRÜNDERVÄTER

Colonial Heritage – Ehrfurcht vor der Geschichte

1

Zahlreiche Herrenhäuser aus dem vergangenen Jahrhundert bieten dem Besucher exklusive Unterkunft und eine interessante Geschichte.

«Ist es nicht interessant?», David Dunkley senkt die Stimme, «daß das Haus schon gebaut worden ist, bevor Mister Ti Dabbelju Birch das Land, auf dem es steht, überhaupt zugesprochen war.» In der nächsten Viertelstunde passiert die Geschichte dieses Hauses, das heute «Islington» heißt, Revue: Mr. Birch hat es seiner Frau vererbt, die wiederum ihrem zweiten Ehemann, der verkaufte es an die Misses Parsons ... undsoweiter, neun Stationen. David kaufte es schließlich 1992. Ich bin sein – zahlender – Gast. Wir sitzen am Kamin, das Feuer knistert, Funken sprühen. «Und wie alt ist das Haus?» Man weiß es nicht aufs Jahr genau, aber «so zirka 1845».
Das ist alt in einem Land, das zwar 1642 entdeckt, aber erst ab 1803 besiedelt wurde; und die ersten europäischen Ankömmlinge hatten anderes zu tun, als Häuser zu bauen – solche Häuser. Herrenhäuser, Bürgervillen, romantisch-altmodisch, mit Himmelbetten und Kaminen. Nicht protzig (nach heutigen Maßstäben), bloß simple Eleganz, die richtigen Proportionen – einfach klassisch. Die Ehrfurcht vor diesem kolonialen Erbe («colonial heritage»), der Kult, der um diese Bauten getrieben wird, der Zugang zu den damit verbundenen Gefühlen, bleibt Europäern auf Besuch im allgemeinen verschlossen: Sie denken in anderen zeitlichen Dimensionen. Für Tasmanier aber markieren diese Gebäude den Anfang ihrer nationalen Geschichte. «Historic» hat hier eine andere Bedeutung als in Europa; es bekräftigt einen Anspruch. Und «historic» ist alles, was aus den dreißiger Jahren bis zum Ende des vorigen Jahrhunderts datiert. Es wird noch gesteigert durch den Zusatz «convict built». Sträflinge haben Tasmanien mitgebaut. Einer von ihnen, James Blackburn, brachte es bis zum Architekten der «Holy Trinity Church» in Hobart, später, als Freigelassener, baute er in Campbell Town «The Grange».
Mehr als ein Dutzend Städtchen sind als «historic towns» klassifiziert: Richmond und Deloraine, Longford, Ross und Strahan. In Hobart stehen an die hundert Häuser unter Denkmalschutz, auch Launceston nennt sich historisch. Der National Trust hat Gebäude aufgekauft oder

2

als Schenkungen erhalten, pflegt sie und macht sie der Öffentlichkeit zugänglich. Die meisten dieser Kolonialhäuser aber sind nach wie vor in privaten Händen, und viele Besitzer bieten Reisenden «Heritage Accomodation» unter ihrem Dach an. Es sind Hunderte, und keines ist wie ein anderes. Ganz privat eben. Privat eingerichtet, privat geführt. Private Unterhaltungen, die Geschichte der Familie, verwoben mit der des Hauses ... ist immer auch ein Stück der Geschichte des Landes. Mittlerweile sind auch alte Sträflingsunterkünfte, ehemalige Schafscherer-Quartiere auf Farmen und Cottages als «Heritage Accomodation» hergerichtet worden. Das Historische ist in jedem Fall verbrieft.
Anders als im übrigen Australien hat die lange Isolation Tasmaniens Geschichte und Geschichtliches im Land gut konserviert. Es ist keine eigenständige Architektur daraus entstanden. Das Erbe der Gründerväter ist – englisch. Die Städtchen sind, wenn man sich das dazugekommene Moderne wegdenkt, typisch englische Landstädtchen wie vor 150 Jahren. Vor ein georgianisches Manor eine viktorianische Fassade gezogen, drinnen das Billardzimmer – und ein Himmelbett.

An die großen Zeiten des britischen Empire erinnert das «Empire Hotel» in Queenstown.

3

Blick auf die Town Hall in Launceston (1)*; Pavillon im Stadtpark von Launceston* (2)*; das bekannte Clarendon House bei Evandale* (3).

1

2

3

4

5

6

7

8

NATUR PUR – DER TEUFEL UND EUKALYPTUS

GEOLOGIE. Tasmanien war nicht immer eine Insel, sondern bis vor etwa 13 000 Jahren Teil des australischen Kontinents. Die Überflutung der Bass Strait trennte dann Tasmanien vom Festland. Geologisch ist die Insel die Fortsetzung des ostaustralischen Küstengebirges (Great Dividing Range), das sich an der Ostküste Australiens vom Norden bis zum Süden erstreckt. Die Bergketten im Westen und Südwesten sind 700 Millionen bis eine Milliarde Jahre alte Ablagerungen, die sich später unter enormem Druck auffalteten; Frenchmans Cap beispielsweise ist ein spektakulärer Charakterberg dieser Entwicklung. Die Gletscher der letzten Eiszeit haben vor etwa 20 000 Jahren im Südosten weite Täler ausgeschliffen und rund viertausend kleinere und größere Seen auf der Insel hinterlassen.

FAUNA. Der «Tasmanische Tiger» ist kein Tiger und der «Tasmanische Teufel» kein Teufel, beides sind Beuteltiere und daher verwandt mit Känguruh, Possum, Koala und Wombat. Der Tasmanische Tiger ist ausgestorben, seit 1936 wurde keiner mehr erlegt, gefangen oder fotografiert, aber von einigen angeblich gesehen (siehe gegenüberliegende Seite). Der Tasmanische Teufel ist das größte Raubtier auf der Insel – ein kleiner, zähnefletschender «Hund», der überwiegend von Aas lebt. Den «Teufel» haben ihm die Schaffarmer angedichtet, weil er auch mal ein Lamm reißt. Er ist nachtaktiv, man bekommt ihn praktisch nicht zu Gesicht … es sei denn an der Cradle Mountain Lodge, wo er jeden Abend «angefüttert» wird, oder in Tiergärten wie auf der Tasmanian Devils Farm bei Port Arthur.
Tasmanien ist kein Safari-Land. Auf der Insel leben 33 Säugetierarten, aber keine kann dem Menschen gefährlich werden: weder die Quolls (Marder) noch die etwa gleich großen Possums (Ringbeutler), die auf Bäumen leben, noch die in Höhlen hausenden Wombats. Die Wallabies, kleinere Verwandte der Känguruhs, sind neugierig und possierlich, die Schnabeligel, die stachelbewehrt sind und sich bei Gefahr schnell eingraben, sind auf Termiten und Ameisen spezialisiert, die sie mit ihrer langen und klebrigen Zunge erbeuten. Die Weibchen legen nur ein Ei, das Junge säugt Milch (!) und wird von der Mutter in einer Bauchtasche getragen, bis sich seine Stacheln entwickelt haben.
Koala und Dingo, beide auf dem australischen Festland heimisch, kommen in Tasmanien in freier Natur nicht vor. Hobby-Zoologen sind auf mühsame Beobachtungen und Fachgespräche über die Unterschiede zwischen Tüpfelbeutelmarder und Fleckenschwanzbeutelmarder angewiesen oder auf einheimische Raritäten: Zum Mt. Melaleuca kommen jeden Som-

1 *Ein Keilschwanzadler, der größte Greifvogel Australiens.*

2 *Wasserpflanze im Lake St. Clair.*

3, 5 *Der Kookaburra, wegen seines wie Lachen klingenden Gekreisches auch Lachender Hans genannt, kommt in verschiedenen Arten vor. Er ist der größte Eisvogel in der australischen Region.*

4 *Der Black Currawong ist in den Wäldern Tasmaniens oft zu hören.*

6 *Schnabeligel gehören wie auch die Schnabeltiere zu den eierlegenden Säugetieren und ernähren sich von Ameisen und Termiten.*

TIGER IM PYJAMA

Der Tasmanische Tiger ist ausgestorben, das letzte Exemplar ging 1936 in der Gefangenschaft im Zoo von Hobart ein – drei Monate nachdem die Art als «gefährdet» eingestuft worden war. Und Regierung hatte Abschußprämien ausgesetzt. Zwischen 1888 und 1909 sind 2184 Abschüsse registriert. Der Tiger, der kein Tiger ist, sondern ein Raubbeutler, hatte eine Rumpflänge von bis

Den Tasmanischen Tiger kann man leider nur noch auf Abbildungen bewundern.

seither sehen Wanderer, Waldarbeiter und vor allem «Expeditionen», die gezielt nach dem Tier suchen, mal hier, mal dort, das Tier, das zu einer Art Nessie von Tasmanien geworden ist. Das schäferhundgroße Raubtier (auch Beutelwolf genannt) war von Schaffarmern gnadenlos gejagt worden, die zu einem Meter und einen noch einmal halb so langen Schwanz, die hintere Rückenpartie zeigte deutlich dunkle Querstreifen – Pyjamastreifen. In tasmanischen Stadt- und im Staatswappen taucht der Tiger auf – und zum bisher letztenmal im Tagesrapport eines Wildhüters vom Januar 1995!

7, 8 *und* 9 *Fast die gesamte Fläche des Walls of Jerusalem National Park wird von Hochmooren bedeckt. Auf dem Boden wachsen viele Moose, Flechten und kleine Pflanzen, für deren Studium man sich Zeit nehmen sollte. Sie sind aber auch der Grund, weshalb man die angelegten Wege nicht verlassen sollte.*

10 *Eukalypten sind nicht nur auf dem australischen Festland, sondern auch auf Tasmanien weit verbreitet. Die Rinde des Yellow Gum weist oft hübsche farbige Strukturen auf.*

mer zum Brüten vom Festland Goldbauchsittiche, von denen es nur noch etwa zweihundert Exemplare gibt. In den Bergseen und -bächen lebt eine Frischwassergarnele, die sich in den letzten 200 Millionen Jahren nicht verändert hat und ein lebendes Fossil darstellt. 1987 ist in den Highlands eine bislang unbekannte Eidechsenart entdeckt worden, der Mountain Skink.

Auf die Vogelwelt hatte die isolierte Lage der Insel keine Auswirkungen. Auch hier gibt es Kakadus, Papageien, Pelikane oder schwarze Schwäne. An der Küste kann man Seeadler beobachten, und auch der Spaßmacher unter den Vögeln, der Kookaburra – auch «Laughing Jack» – lebt in Tasmanien.

In der Coles Bay auf Freycinet kann man Delphine beobachten, die Halbinsel ist auch die Heimat von Seehundkolonien. Im Winter kommen gelegentlich Wale vor die Küste, und über die Landzunge zwischen dem Nord- und dem Südteil von Bruny Island watscheln Zwergpinguine.

Es gibt drei giftige Schlangenarten in Tasmanien. Ihr Gift ist aber für gesunde, erwachsene Menschen nicht tödlich. Meistens kommt es zu Bissen, wenn Wanderer versuchen, eine Schlange zu töten. Das Serum gegen Schlangenbisse ist für alle drei Arten das gleiche.

FLORA. Der älteste Baum der Erde steht nicht in Kalifornien, wie bisher angenommen, sondern im unwegsamen Nordwesten Tasmaniens. Und er ist mit 10500 (!) Jahren auch deutlich älter. Diese Huon-Kiefer, ein Harzeibengewächs, bildet einen mehr als einen Hektar großen Wald. Wissenschaftler haben bei ihren Untersuchungen festgestellt, daß das Wurzelwerk der Huon-Kiefer Äste sind, die vermutlich vom Schnee zu Boden gedrückt wurden und selbst Wurzeln gebildet haben. Alle Genproben, die entnommen wurden, sind identisch und stammen von ein und derselben Pflanze. Aus einer Pollenanalyse konnte das hohe Alter ermittelt werden.

Die Huon-Kiefer, das «grüne Gold des Westens», wurde schon von den ersten Einwanderern gefällt, die das Holz für den Schiffbau benötigten. Heute wird es beim Bau von Möbeln und im Kunsthandwerk verwendet. Die größten – mittlerweile geschützten – Bestände gibt es am Franklin- und Gordon River. Im Teepookana Forest Reserve stehen junge und jahrhundertealte Exemplare, in Strahan wird neben der Sägemühle eine 450 Jahre alte Huon-Kiefern-Scheibe gezeigt.

Tasmanien ist eine der letzten großen ökologischen Nischen der Erde. Von den rund zweitausend blütentragenden Pflanzen auf der Insel wächst mehr als jede zehnte nur hier auf Tasmanien, vor allem im alpinen Heideland, in den offenen Eukalyptus-Wäldern und im kühlgemäßigten Regenwald (siehe Seite 53).

1

2

OUTDOOR – FREIHEIT IN GROSSEN ZÜGEN

Outdoor bedeutet in Tasmanien Erfahrung in der Natur sammeln und die Grenzen seines psychischen und physischen Leistungsvermögens herauszufinden. Möglichkeiten dazu bietet die Insel genug. Outdoor-Aktivitäten werden von lokalen Reiseveranstaltern angeboten, dazu zählen auch Radtouren mit einem Führer, Bergsteigen, Reiten, Höhlenbegehungen, Geländewagentouren und Skifahren und -wandern im Winter.

TAUCHEN. An der 5400 Kilometer langen Küste bieten sich vielfältige Möglichkeiten zum Tauchen. Bei einer maximalen Wassertemperatur von 18 Grad Celsius im Sommer findet der Taucher hervorragende Bedingungen in den seit 1991 bestehenden Marine Reserves wie Governor Island vor Bicheno und Maria Island an der Ostküste sowie Ninepin Point und Tinderbox im D'Entrecasteaux Channel an der Südostküste. Gute Tauchgründe sind auch vor Eaglehawk Neck (Forestier-Halbinsel), und für Wracktauchen sind Flinders- und King Island mit über vierhundert Wracks ein ideales Revier.

RAFTING/ANGELN. Rafting durch den Regenwald auf dem Picton und Huon River ist ein Naturerlebnis besonderer Art. Wer allerdings die abgeschiedene Wildnis bevorzugt, ist mit dem Franklin- und Gordon River, die 1958 zum erstenmal überhaupt befahren wurden, besser bedient. Auf dem Unterlauf des Gordon River werden von Strahan Schiffsausflüge angeboten. Sie dauern einige Stunden und stellen die bequemste Art dar, die Wildnis des Regenwalds vom Deck des Schiffes aus zu beobachten.
«Wilderness Flights» bietet mit kleinen Wasserflugzeugen einen Rundflug an über den Macquarie Harbour und den Regenwald des Nationalparks mit Zwischenlandung auf dem Gordon River. Angler finden in den zahlreichen Seen und Bächen des Hochlands ein einzigartiges Revier, das reiche Beute verspricht, ebenso an den großen Seen wie dem Lake Pedder im Südwesten Tasmaniens. Allerdings benötigt man einen Angelschein, der aber problemlos gegen eine geringe Gebühr bei den Behörden erhältlich ist.

WALKABOUT
TIPS FÜR WANDERER

Buschwanderungen in Tasmaniens Nationalparks und Reservaten gehören zu den eindrucksvollsten Erlebnissen, die ein Besucher von der Insel mitnehmen kann. Über Tage oder auch Wochen erlebt man eine urwüchsige Landschaft aus nächster Nähe. Der Wanderer sollte aber unbedingt Vorkehrungen zu seinem eigenen Schutz und zum Schutz der Natur beachten:

- Buschwandern ist nichts für Einzelgänger: Gehe nicht allein!
- Melde dich ab in der Ranger-Station, in der Lodge oder im Walkers Registration Book am Beginn des Tracks und melde dich auch wieder zurück!
- Gehe «sanft»! Halte den ausgetretenen Pfad ein, fange keinen neuen an, vermeide Abkürzungen!
- Im offenen Land (ohne Pfad) gehe über Steine oder festen Grund, wo immer das möglich ist!
- Tritt nicht mutwillig auf Pflanzen! – es kann Jahre dauern, bis sie sich davon erholen.
- Füttere keine wilden Tiere, laß die Wildnis, wie sie ist – wild!
- Gehe nie ohne Kompaß und Karte (National Park Maps oder andere Karten im Maßstab 1:25 000)!
- Schlage dein Lager auf, noch bevor es dunkel wird!
- Wenn du dich verlaufen hast: keine Panik! Denke in Ruhe nach! Steige auf einen Baum oder einen erhöhten Punkt und suche nach markanten Punkten! Gehe erst weiter, wenn du weißt, wo du dich befindest!
- Gib im Ernstfall Notsignale stets im Dreierpack: drei Pfiffe, drei Rufe, drei Rauchsäulen!

3

4

1 Bei Tauchern beliebt ist die Unterwasserwelt bei Eaglehawk Neck.

2 Angler im Strzelecki National Park an der Südspitze von Flinders Island.

3 Blick von Bruny Island auf den D'Entrecasteaux Channel.

4 *Unterwegs in den Rocky Plains am South Coast Track.*

5 *Die Wybalenna Church im Westen von Flinders Island.*

6 *Blick auf die Pirates Bay auf der Tasman Peninsula.*

7 *Die Adventure Bay auf Bruny Island.*

SEHENSWERTE ORTE UND LANDSCHAFTEN VON A BIS Z

Ziffern im Kreis verweisen auf die Karte auf Seite 63, kursive Ziffern am Ende der Abschnitte auf Abbildungen.

BRUNY ISLAND ①. Die Insel vor der Südostküste wird per Autofähre von Kettering aus (36 km von Hobart) bedient, die Überfahrt dauert etwa 20 Minuten. Bruny ist rund 50 Kilometer lang, und eigentlich sind es zwei Inseln, die nur durch eine schmale Landenge verbunden sind. Im Sommer kreuzen Zwergpinguine in der Abenddämmerung die Straße. Die ersten europäischen Besucher auf Bruny Island waren Abel Tasman (1642), Captain Cook (Landeplatz an der Adventure Bay) und der berüchtigte William Bligh (1788 und 1792), der auch die ersten Apfelbäumchen auf der Insel pflanzte. Das Bligh Museum an der Adventure Bay ist ganz der Geschichte der Insel gewidmet. Vom Fähranleger in Roberts Point zum ältesten Leuchtturm Australiens an der Südspitze der Insel fährt man etwa eine Stunde. Dahinter erstreckt sich ein Naturschutzgebiet. Die Insel hat schöne, abgeschiedene Strände, steile Klippen und einen kleinen Rest Regenwald. Im «Smokehouse» in Lunawanna gibt es Räucherlachs. Die Attraktion aber sind Kamelritte am Strand (Camel Tracks Tasmania). *60/61*

FLINDERS-/KING ISLAND ②. Die rund 80 Inseln der Furneaux-Gruppe nordöstlich vor Tasmanien sind die Reste der früheren Landbrücke zum Festland. Die größte Insel ist Flinders Island, eine eher ruhige Insel, die aber viel Natur bietet. Die Vergangenheit von Flinders Island war stürmisch: französische Entdecker, rauhe Robbenschläger und Walfänger, gestrandete Seeleute … von ihren (Un-)Taten leben unzählige Geschichten. 1833 wurden am Settlement Point die letzten überlebenden tasmanischen Aborigines zwangsangesiedelt und lebten dort bis 1847. Die Kapelle aus dieser Zeit ist restauriert worden und enthält nun Dokumente und Informationen über diese «traurige Zeit in der Geschichte der Insel».

King Island liegt am Westausgang der Bass Strait. In den «Roaring Forties», den Stürmen, die ihren Spitznamen aus dem vierzigsten Breitengrad beziehen, sind im Lauf der Jahre hier über hundert Schiffe zerschellt. Das Gesicht der Insel: Klippen im Süden, Strände im Osten, Farmland, Fischerei, Bergbau (Grassy besitzt einen Erzverladehafen) und Buschland.

Flinders Island wird von Hobart und Launceston regelmäßig angeflogen, King Island von Launceston und Burnie. *32, 33*

FORESTIER-/TASMAN PENINSULA ③. Die Halbinsel ist zweigeteilt: der südliche Teil, die Tasman Peninsula, ist nur durch die

5

6

7

400 Meter breite Landenge «Eaglehawk Neck» mit dem nördlichen Teil, der Forestier Peninsula, verbunden. Von der Brücke bei Dunalley fährt man auf dem Arthur Highway (A 9) ungefähr eine Stunde bis Port Arthur, der berüchtigten Sträflingssiedlung des vorigen Jahrhunderts. An der streng bewachten Landenge gab es für die Sträflinge kein Entkommen, die Tasman Peninsula galt als ausbruchsicheres Gefängnis (siehe Seite 22/23).

Bei Eaglehawk Neck hat die Tasmansee in Jahrmillionen eine Reihe bizarrer Naturdenkmäler geschaffen wie den Tasman Arch, ein über 60 Meter hohes Felsentor, das einem Triumphbogen ähnelt, das Blowhole, ein Loch, durch das Meereswasser mit hohem (Brandungs-)Druck in eine ausgewaschene Höhle gepreßt wird, Devil's Kitchen, eine in sich zusammengebrochene Felsbrücke, die sich als 60 Meter tiefe, brodelnde Meeresschlucht präsentiert, und das Tessellated Pave-

DAS SYDNEY-HOBART-RACE

Der Start ist am Boxing Day (2. Weihnachtsfeiertag) im Hafen von Sydney, Ankunft in Hobart je nach Klasse, Können und Wind vier Tage später, Nachzügler fünf Tage. Dazwischen liegen 1111 Kilometer Pazifik in der Westwindzone der «Roaring Forties». Es kann verd... stürmisch werden. Das jährliche Sydney-Hobart-Rennen ist für die teilnehmenden Jachten eine Herausforderung, für Tasmanier wird die Ankunft in Hobart zu einem Fest. Die Jachten segeln den Derwent River hinauf über die Ziellinie und mitten in die Stadt hinein. Mit den ersten Booten rechnet man frühestens in der Nacht vom 28. auf den 29. Dezember. Den Rekord hält seit 1975 die amerikanische «Kialoa» mit zwei Tagen, 14 Stunden und 36 Minuten. – Dann feiert Hobart zwischen Battery Point und Constitution Dock; und sollte einmal eine tasmanische Jacht gewinnen, wird bis ins neue Jahr hinein gefeiert.

ment, eine riesige Felsplatte, in die ein geometrisches Muster, das einer gepflasterten Straße ähnelt, eingemeißelt zu sein scheint. Die Naturdenkmäler sind als State Reserves geschützt.
Bei Taranna ist ein «Tasmanian Devil Park» mit einheimischen Wildtieren eingerichtet, es wird dort auch ein kurzer Film über den Tasmanischen Tiger gezeigt. Vor Port Arthur ist mit «The Bush Mill» ein Holzfällerdorf aus der alten Zeit nachgebaut worden. An der Südküste hat das Meer eine Grotte, die Remarkable Cave, ausgewaschen, die nur bei Ebbe betreten werden kann. Gleich hinter Dunalley beginnt die 60 Quadratkilometer große Farm «Bangor» mit Busch, Farmland, Stätten der Aborigines und wilder Küste. Besucher erhalten auf geführten Touren einen Einblick in die Natur der Forestier-Halbinsel und in das Leben auf einer 6000-Tiere-Schaffarm. *26, 27, 84/85*

HOBART ④. Die Hauptstadt Tasmaniens und die zweitälteste Stadt Australiens liegt gut geschützt hinter Inseln und Landzungen 20 Kilometer stromaufwärts von der breiten Mündung des Derwent River in die Tasmansee. Die Stadt erstreckt sich am Fuße des 1270 Meter hohen Mt. Wellington entlang der Buchten an beiden Seiten des Flusses, die durch die Tasman Bridge miteinander verbunden sind.
Hobart ist berühmt für seinen historischen Stadtkern mit zahlreichen alten Sandsteinhäusern. An die hundert «fine Georgian style sandstone buildings» stehen in der Stadt unter Denkmalschutz, vor allem am Battery Point. Der Ort war vor 150 Jahren keine gute Adresse. Die Häuser waren klein, die Gassen und Straßen eng: Hier wohnten die Dockarbeiter. Am Salamanca Place säumen alte Sandsteinhäuser, die meisten zwischen 1835 und 1860 erbaut, den Platz. In den einstigen Speicher- und Kaufmannshäusern, Schiffsausrüsterläden und Matrosenspelunken sind heute schicke Restaurants, Galerien, Antiquitäten- und Souvenirläden untergebracht. Straßenmusikanten, Pflastermaler und Kunstgewerbler prägen die Atmosphäre. Höhepunkt ist der Salamanca Market, ein vielbesuchter Floh- und Wochenmarkt, der im Sommer jeden Samstag stattfindet. Das bedeutendste Museum Tasmaniens, das «Tasmanian Museum and Art Gallery» in der Argyle Street, gibt einen Einblick in

1

3

2

1 Hobart: Am Arthur Circus in der Nähe der Salamanca Place stehen hübsche kleine Wohnhäuser.

2 Auf dem Wochenmarkt auf der Salamanca Place in Hobart kann man nicht nur Obst, Gemüse und Blumen, sondern auch Kleidung, Kunsthandwerk und Trödel aller Art kaufen. Der von 1835 bis 1860 angelegte Salamanca Place wird von Restaurants, Antiquitäten- und Souvenirläden gesäumt.

das Leben der ersten weißen Siedler auf der Insel, die ethnographische Abteilung in das der frühen tasmanischen Aborigines. Das »Van Diemen's Land Memorial Folk Museum« in der Hampden Road ist ebenfalls den Pionierzeiten gewidmet, das »Maritime Museum« der Entwicklung der tasmanischen Seefahrt.

Der Stolz Hobarts sind das »Theatre Royal« (1837), das älteste Theater Australiens an der Ecke Campbell-/Sackville Street, und die »Cascade Brewery«, die älteste Brauerei des Kontinents im Stadtteil Cascades. Über das Spielcasino am Wrest Point, dem ersten Spielcasino Australiens, wurde vor 25 Jahren erbittert diskutiert. Heute ist der sechzehnstöckige Hochhaus-Rundbau ein Wahrzeichen der Stadt. Vom Mt. Wellington hat man einen einmaligen Blick auf die Stadt, an klaren Tagen kann man weit in das Derwent-Tal hinein sehen, im Osten sogar bis zur Tasman Peninsula. Zum Gipfel führt eine serpentinenreiche Straße hinauf. Ein Veranstalter bietet Mountainbike-Touren an: Zum Gipfel fährt man mit dem Bus, oben steht das Fahrrad bereit ... und dann geht es bergab nach Hobart. *12/13, 15, 16, 66*

HUON VALLEY ⑤. Viele Jahre war die Gegend das Zentrum der tasmanischen Apfelindustrie. Aber die hohe Zeit der »Äppler« ist vorbei. Auf der Anfahrt von Hobart (38 km) kann man in Grove das »Huon Apple & Heritage Museum« besichtigen, in Huonville, dem Hauptort und Einkaufszentrum des ganzen Tals, ist die »German Model Train World«, die zwei Dutzend Spielzeugeisenbahnen in einer idealisierten Deutschland-Szenerie zeigt, sehenswert, und in Ranelagh lädt das »Tasman Antique Motor Museum« mit 40 Autoveteranen zu einem Besuch ein. Touristen, die noch keine Koalas, Emus und Känguruhs gesehen haben, bietet der »Talune Wild-

4

5

3 und 4 Hobart liegt an einem herrlichen Naturhafen: der Mündung des Derwent River in die Storm Bay. Einen ausgezeichneten Blick auf die tasmanische Hauptstadt genießt man vom Gipfel des 1270 Meter hohen Mount Wellington.

5 Ein weiterer, näher an Hobart gelegener Aussichtspunkt ist der 340 Meter hohe Mount Nelson, auf dem sich in einer ehemaligen Signalstation eine Teestube befindet.

life Park & Koala Gardens» dazu Gelegenheit. Der Huon River strömt hier bereits in einem breiten Flußbett, die Umgebung ist ländlich-malerisch. Von Geeveston aus führt eine Stichstraße in den Hartz Mountains Nationalpark, eine gebirgige Landschaft mit Regenwäldern, Hochmooren, Seen und einem großartigen Ausblick auf das Huon-Delta. Ein schöner Blick auf den Fluß bietet sich auch vom Shot Tower bei Taroona. Der 60 Meter hohe Turm wurde 1870 erbaut, um Bleikugeln zu gießen. *19, 62*

LAUNCESTON ⑥. Die zweitgrößte Stadt Tasmaniens liegt am Zusammenfluß von South Esk und North Esk River und besitzt den Charme der Provinz gepaart mit

1

dem Stolz, die drittälteste Stadt Australiens zu sein. Das verpflichtet. Und so sind im Innenstadt-Karree zwischen Tamar- und Wellington-Street, dem Fluß und der York Street georgianische, victorianische und edwardianische Häuser erhalten oder sorgfältig restauriert worden wie das «Macquarie House» am Civic Square, das «Batman Fawkner Inn» in der Cameron Street, die «Town Hall» (von 1864) mit korinthischen Säulen, das «Customs House» am Fluß oder der «Old Umbrella Shop» in der George Street. Dazwischen liegen zahlreiche Parks, die den Beinamen «garden city» begründet haben. In der Wellington Street befindet sich das «Queen Victoria Museum and Art Gallery» mit naturhistorischen, landesgeschichtlichen und Aborgine-Sammlungen und an der Ecke Tamar-/Brisbane Street das «Design Centre of Tasmania» mit Schmuck, Glaskunst und Möbeln.

Kurz vor dem Zusammenfluß von South Esk und North Esk River durchfließt der South Esk einen Canyon, die Cataract Gorge. An beiden Ufern der wildromantischen Schlucht verlaufen Wanderwege.

2

3

Ein luftiger Sessellift führt über das Becken und bietet eine spektakuläre Fünf-Minuten-Fahrt, insbesondere nach starken Regenfällen.

An der Kings Bridge, in einem stillgelegten Steinbruch, ist mit der «Penny Royal World» die Industriewelt des frühen 19. Jahrhunderts als Freiluftmuseum nachgebaut worden. Hier kann der Besucher eine Wasser- und Pulvermühle bewundern, mit einer historischen Trambahn fahren oder mit der «Lady Stelfox» zwischen Hafen und Cataract Gorge kreuzen. *34, 35, 66, 67*

PORT ARTHUR ⑦. Der Ort ist die wichtigste historische Sehenswürdigkeit des Landes. Das Penal Settlement war in der Zeit von 1830 bis 1877 für über zwölftausend Sträflinge «die Hölle auf Erden». Nach der Schließung des Gefängnisses wurde verkauft, was verkäuflich war, das Land verkam. 1916 kaufte die Regierung das Land zurück, es wurde zu einem beliebten Picknickplatz, vor allem für Ausflügler von Hobart. Von 1979 bis 1986 wurden die verbliebenen Ruinen restauriert und Port Arthur zur historischen Stätte erklärt. Die 33 Gebäude, von der Kirche über das

1 *Dem Abbau und der Verhüttung von Kupfer sind alle Wälder in der Umgebung von Queenstown zum Opfer gefallen.*

2 *Die 60 000 Einwohner Launcestons haben ihre Häuser in schöner Lage an die Ufer des North Esk und South Esk, deren Zusammenfluß den Tamar River bildet, gebaut.*

3 Der kleine Ort Stanley an der Küste im Nordwesten Tasmaniens ist vor allem wegen des hier aufragenden markanten Basaltplateaus «The Nut» bekannt.

4 Auch die Kirche von Grindelwald, dem «Swiss Village» am Tamar River nördlich von Launceston, soll an die Schweiz erinnern.

5 Die älteste Steinbrücke Australiens führt in Richmond über den Coal River. Sie wurde in den Jahren 1823 bis 1825 von Sträflingen erbaut. Gleich in der Nähe steht die 1837 geweihte St. John's Church, die erste katholische Kirche Australiens.

FÜR HEIMWEHKRANKE: GRINDELWALD

Erst glaubt man es nicht, dann faßt man es an – es ist konkret, aber nicht echt: Grindelwald, «an authentic Swiss style village». Eine Viertelstunde auf dem Highway A 7 von Launceston hat sich über dem Tamar-Tal ein Geschäftsmann seinen Traum von Romantik verwirklicht. Ein Alpen(kitsch)-dörfchen im Maßstab eins zu eins mit künstlich angelegtem See (Lake Louise), Kirchlein, Dorfplatz, mit Chalets, Fensterläden, Blumenkübeln und Wurzelstockschnitzereien. Das Restaurant heißt «Alpenrose», die Teestube «Edelweiss», es gibt Schweizer Käse und deutschen Käsekuchen, das Hotel steht am «Waldhorn Drive».
Roelf Vos, ein gebürtiger Holländer, hat erst Einfamilienhäuser im alpenländischen Stil gebaut, dann ein paar Ladengeschäfte und später das Hotel – es ist ein «echt lebendes» Dorf auf über 400 Hektar Land, in dem die «Grindelwalders» Statisten sind und Hauptdarsteller in einem.
Adresse: Grindelwald, Tasmania 7277.

Wachhaus bis zur Folterkammer, sind heute in Grünanlagen eingebettet. Der Rundgang dauert gut drei Stunden, es werden auch «Historical Ghost»-Touren angeboten, ebenso Fahrten zur «Insel der Toten», auf der annähernd zweitausend Häftlinge und Soldaten ihre letzte Ruhe fanden. Den besten Überblick über die historische Stätte bietet ein Aussichtspunkt oberhalb der Kirche (siehe Seite 22/23). *17, 20/21, 22, 23, 24, 25*

QUEENSTOWN ⑧. Das knapp 4000 Einwohner zählende Städtchen liegt am Lyell Highway (A 10) im Westen der Insel und ist ein Sündenfall an der Natur. Nachdem hier Gold am Mt. Lyell gefunden wurde, das Vorkommen aber nicht sehr reichhaltig war, verdrängte der weit ergiebigere Kupferabbau das Gold. Die Berge der Umgebung wurden nach Kupfer umgegraben, Queenstown selbst wurde zu einem einzigen großen Schmelzofen und die Umgebung der Stadt bekam das Gesicht einer schaurig-schönen Mondlandschaft. Kein Baum, kein Strauch, nur schoko-, pink- und ockerfarbene gerundete Hügel, die in der Abend- und Morgensonne strahlen. Das Kupfer wurde mit einer eigens dafür gebauten Bahn nach Strahan transportiert. Seit 1897 hatte die Mt. Lyell Mining and Railway Company das Sagen in der Grubenstadt, ihr Hauptquartier ist noch immer in Queenstown.
Im «Galley Museum» werden die alten Zeiten heraufbeschworen, «The memorial of Miners Siding» setzt mit einer Familiengruppe in Bronze den «sündigen Vätern» ein Denkmal, und eine Mt. Lyell Mine Tour macht aus den Sündern – Helden. Die Minengesellschaft forstet auf. Die Bevölkerung möchte das gar nicht: Der «schlimmste Anblick, den Australien zu bieten hat» (Reiseführertext), ist das einzige, was Touristen hier anhalten läßt (siehe Seite 44). *45, 67*

4

5

RICHMOND ⑨. Hier spukt es. Auf der Richmond Bridge über den Coal River heult nachts der ruhelose Geist eines erschlagenen Aufsehers von Sträflingen, die drei Jahre lang (1823–1825) an dieser ältesten Steinbrücke Australiens bauten. Der ganze Ort ist überhaupt nur um das Gefängnis herum entstanden. Heute ist Richmond, ausgestattet mit dem Charme einer kolonialen Kleinstadt, ein bißchen verträumt und abseits großer Straßen gelegen (28 km von Hobart), eine Art lebendes Museum. Die georgianischen Häuser sind keine Kopien und wurden mit viel Gespür restauriert wie das «Richmond Arms Hotel» (1888) mit seiner schmiedeeisernen Veranda, «St. John's», die – sagt man – älteste katholische Kirche Australiens, die «Ashmore House Tea Rooms» (1850) und die Urzelle des Ortes, das Gefängnis (1825), in dem Aufzeichnungen der Gefangenen, ihre Kleidung und ihre Werkzeuge gezeigt werden. Der National Trust hat eine ganze Reihe von Gebäuden unter Denkmalschutz gestellt.

STANLEY/THE NUT ⑩. Das 650-Seelen-Fischerstädtchen wurde 1826 gegründet und war die erste Siedlung im Nordwesten Tasmaniens. Die Van Diemen's Land Company schlug hier ihr Hauptquartier auf, später wurde der Ort Stützpunkt von Walfangschiffen und Frachtern, die die Goldfelder in Victoria (auf dem Festland) versorgten. Heute setzt Stanley auf den Tourismus. Weithin sichtbares Wahrzeichen ist der «Circular Head», den alle nur «The Nut» nennen, ein 152 Meter aufragendes Basaltplateau, das an drei Seiten steil zum Meer abfällt. Vom Ort, der sich direkt

Die Kirche von Windermore steht am rechten Ufer des Tamar River zwischen Launceston und George Town.

unter dem Felsen ausbreitet, führt ein Wanderweg hinauf, weniger Sportliche können auch einen Sessellift benutzen. Oben bietet sich ein einzigartiger Blick über den Nordwesten Tasmaniens. Stanley selbst hat ein paar sehenswerte Blaustein-Häuser, das restaurierte «The Plough Inn» (von 1843, in Privatbesitz), die «Lyon's Cottage» und eine «Poet's Cottage». Anfang September findet das alljährliche «Circular Head Arts Festival» statt. In Stanley wurde auch Joseph Lyons, einziger Tasmanier, der bislang Ministerpräsident von Australien war, geboren.

STRAHAN ⑪. Der beschauliche Ort mit seinen fünfhundert Einwohnern liegt im wilden Westen, am Macquarie Harbour, einem geschützten Naturhafen. Von hier aus wurde das Kupfer von Queenstown verschifft, hierher wurde das Holz, das die «piners» im Regenwald schlugen, gebracht. Heute kommt dem Tourismus eine immer größere Bedeutung zu. Strahan ist Ausgangspunkt für Bootsausflüge in die Mündung des Gordon River und nach Sarah Island am anderen Ende des Macquarie Harbours. Auf der Insel gab es von 1822 bis 1833 eine Sträflingskolonie, ein paar Ruinen sind noch erhalten. Wasserflugzeuge starten im Hafen von Strahan zu «wilderness flights» in den Franklin-Gordon Wild Rivers Nationalpark. Im Ort, gegenüber dem Visitor Centre, gibt es eine Ranger-Station, die im 1900 erbauten Custom House untergebracht ist.
Auf der Lowanna Road erreicht man die Teepookana Forest Reserve am King River mit Aussichtspunkten auf den Regenwald. In Teepookana gab es noch vor Strahan den einzigen Bahnhof und Hafen an der Westküste, heute überwuchert der Wald die alte Bahntrasse und den verfallenen Ort. 14 Kilometer westlich von Strahan erstreckt sich der rund 50 Kilometer lange Ocean Beach mit bis zu 13 Meter hohen Dünen. *45, 52, 81*

SUN COAST ⑫. Der Küstenstreifen erstreckt sich an der Ostküste von St. Helens bis Orford. Eine Reihe von Badeorten locken mit «dem weißesten weißen Strand der Welt» (St. Helens), einem «Stück Paradies» (Scamander), dem «Platz, wo man einfach gewesen sein muß» (Bicheno), Surfen und Tauchen («best temperature water diving»), fangfrischen Meeresfrüchten und Sonnenbräune. An der Sun Coast gibt es Tourismus ohne großen Snob Appeal, vor allem an der Nine Mile Beach an der Great Oyster Bay, Dianas Basin bei St. Helens und Friendly Beaches auf der Freycinet-Halbinsel. Das Hinterland der Küste bietet große Wälder wie den Wielangta Forest zwischen Copping und Orford, Nationalparks wie den Douglas Apsley zwischen Bicheno und St. Marys und Aussichtspunkte auf den Küstenstreifen. Ferienquartiere gibt es hier in einer Vielzahl wie sonst nirgendwo in Tasmanien. Die Vorliebe für Historisches wird gepflegt. In Bicheno gibt es einen «Birdlife and Animal Park», und auf Diamond Island kann man eine Pinguin-Kolonie beobachten. Und auch hier holt einen die Vergangenheit wieder ein: Maria Island war von 1825 an Sträflingskolonie, 1972 wurde die Insel Nationalpark – und ist autofrei. *31, 32*

Entlang des Gordon River im Südwesten Tasmaniens erstrecken sich dichte Regenwälder, die man während einer Schiffahrt auf dem Unterlauf des Flusses bewundern kann. Die «Gordon River Cruises» beginnen in Strahan.

TAMAR RIVER VALLEY ⑬. Das Tal des Tamar River erstreckt sich über 50 Kilometer nordwestlich von Launceston bis zur Bass

Der alte Fischerort Bicheno liegt an der Ostküste Tasmaniens. Neben der Langustenfischerei ist der Tourismus die Haupterwerbsquelle der rund 700 Einwohner. Urlauber werden von den schönen Stränden und dem Ruf Bichenos als Anglerparadies angezogen. Neben den Fischerbooten liegen im Hafen auch Segeljachten vor Anker.

Zu Beginn der achtziger Jahre sollten im Westen Tasmaniens große Teile des Urwalds in einem riesigen Staudamm-Projekt untergehen. Doch Umweltschützer konnten das Vorhaben nach jahrelangen Protesten stoppen.

FRANKLIN RIVER: AN DER BIEGUNG DES GROSSEN FLUSSES

Nach dem Stopp des Staudammprojekts blieb die Landschaft des Franklin River unversehrt.

Die «Voice of the Rivers» (Titel einer australischen TV-Dokumentation) sang das Lied von einer unberührten Wildnis, von Regenwald und dunklen Seen, tausend Jahre alten Huon-Kiefern und Farnen, von Adlern, Possums und Schlangen und von zwei wilden (whitewater) Flüssen, Franklin und Gordon. Die Welt am fünften Tag. Und diese Welt war gut. Dann kam der Mensch ...

In Tasmanien war es die HEC (Hydro Electric Commission), die staatliche Elektrizitätsgesellschaft. Am 16. Oktober 1979 legte sie dem Parlament in Hobart den «Gordon River Power Development Report» vor, ein Projekt, das den Bau von sechs Staudämmen vorsah. In der ersten Phase sollte ein Damm plus Kraftwerk gebaut werden (Kosten 453 Millionen australische Dollar). Standort: am Zusammenfluß von Franklin und Gordon River. Schiere Wildnis, keine Straße weit und breit, kein Haus, kein Zaun. Nur die «Voice of the Rivers». Der Damm hätte den Gordon 37 Kilometer, den Franklin 33 Kilometer flußauf gestaut. Täler und Wälder, die Tiere wären in einem riesigen Stausee ertrunken. Die Umweltschützer protestierten. Und sie fanden dabei Unterstützung in der Bevölkerung.

Für die folgenden vier Jahre beherrschte das «Gordon-below-Franklin»-Projekt nicht nur die tasmanische, sondern auch die australische Innenpolitik. Eingaben, Parlamentsdebatten, «No Dam»-Demonstrationen, ein Referendum. Die Bundesregierung in Canberra war gegen den Damm und verbot seinen Bau, aber die Landesregierung in Hobart wollte das Kraftwerk. Anfang April 1982 klagte sie daher vor dem «High Court» gegen das Commonwealth of Australia. Drei Monate später begann die HEC mit dem Bau einer Straße und eines Arbeiter-Camps.

Am 14. Dezember 1982 startete die Tasmanian Wilderness Society ihren gewaltlosen Kampf gegen den Bau des Staudamms. Das Anliegen der «greenies» wurde zum weltweiten Medienspektakel. Demonstranten im *sit-in* vor Bulldozern und angekettet an Bäume, eine Flottille von Schlauchbooten auf dem Gordon River und ein riesiges Polizeiaufgebot. Die Blockade dauerte bis zum 3. März 1983. Insgesamt hatten sich im Hauptquartier der Demonstranten in Strahan 2613 aktive Teilnehmer eingeschrieben, die Polizei meldete 1272 vorübergehende Festnahmen, 447 Demonstranten wurden ins Risdon-Gefängnis, Hobart, eingeliefert.

Am 1. Juli 1983 spricht sich der High Court of Australia mit vier zu drei Stimmen gegen den Staudamm aus. Vier Tage später zieht die HEC endgültig ihre Arbeiter und Maschinen aus der Wildnis zurück. Jetzt hört man dort wieder nur noch die «Voice of the Rivers».

Der Gordon-Staudamm (oben) staut einen Teil des Gordon River; im Gordon Lake (unten) sind weite Regionen des Regenwalds überschwemmt – die Bäume sterben.

Strait. Je näher man der Küste kommt, desto mehr ähnelt der Fluß einem Fjord. An den Hängen wird stellenweise Wein angebaut, in Exeter und in Deviot kann man Weinproben nehmen. In Beaconsfield wurde 1869 erstmals Gold gefunden, zwanzig Jahre später schürften schon 50 Gesellschaften nach dem Metall, übriggeblieben davon ist heute der «Grubb Shaft», ein Museum. Das Tal ist für hiesige Verhältnisse dicht besiedelt, Ortschaften gehen ineinander über, Farmen breiten

1

sich aus. Auf einer Anhöhe im Westen des Tamar Valley hat der tasmanische Supermarkt-König Roelf Vos seinen Schweizer Traum Grindelwald verwirklicht. George Town, am östlichen Ufer des Tamar River gelegen, ist eine Industrie- und Hafenstadt und zudem das Verwaltungszentrum der ganzen Region. Noch fünf Kilometer weiter, an der Mündung des Tamar River in die Bass Strait, liegt Low Head mit einem Leuchtturm (Besucher willkommen); der Lotsenstation in der Nachbarschaft ist ein Marinemuseum angegliedert. *66*

DIE SCHÖNSTEN NATIONALPARKS

Vom Teufelsschlund (Devils Gullet) bis zur South Cape Bay und von Sarah Island, wo einst Sträflinge schmachteten, bis zum Rattenschloß (Rats Castle) – Wildnis pur. Fünf Nationalparks und Schutzgebiete, die ohne erkennbare Grenze ineinander übergehen: Central Plateau ⑭, Walls of Jerusalem ⑮, Cradle Mountain-Lake St. Clair ⑯, Franklin-Gordon Wild Rivers ⑰ und Southwest ⑱, zusammen rund 14 000 Quadratkilometer, die eingetragen sind in die World Heritage List der UNESCO und somit «Besitztum ... der ganzen Menschheit» darstellen.
1908 wurde zuerst der Unterlauf des Gordon River unter Schutz gestellt, 1922 ein erster Teil des Cradle Mountain-Gebiets, 1941 kam der Frenchmans Cap National Park (der 1981 im Franklin-Gordon Wild Rivers aufging) und 1955 der Lake Pedder National Park dazu, der 1968 und 1981 erweitert und zum Southwest National Park umbenannt und 1990 noch einmal vergrößert wurde – nun ein riesiges zusammenhängendes Areal von 6050 Quadratkilometern, das alle urtümlichen Landschaftstypen der Insel, vom Hochgebirge bis zur Küste, mit ihren unterschiedlichen Vegetationsformen einschließt. Straßen in diesem Gebiet sind rar, wer tiefer in die Wildnis eindringen will, kann das nur aus eigener Kraft – «bushwalking». Doch Vorsicht! Das sind keine Spaziergänge in einem gut erschlossenen Mittelgebirge, sondern anstrengende Touren über mehrere Tage. Unterwegs gibt es keine Möglichkeiten «auszusteigen», keinen Kiosk, um Vergessenes nachzukaufen, keinen Parkaufseher oder Ranger, der einen wieder auf den rechten Weg bringt. Es gibt andererseits keine gefährlichen Tiere, dafür eine stets unsichere Wetterlage. Für Spaziergänger und «Schnupperer» bieten sich von Camping- und Picknickplätzen, die mit dem Auto erreichbar sind, kurze Wanderungen an, die einen Eindruck von der Wildnis vermitteln.

2

3

4

1 Blick auf das South East Cape, den südlichsten Punkt Tasmaniens.

2 Der Lake Dove liegt am Fuß des 1545 Meter hohen Cradle Mountain im gleichnamigen Nationalpark.

3 Ein Weg aus Holzbohlen führt durch dieses Hochmoor am Overland Track im Cradle Mountain-Lake St. Clair National Park.

4 Der Südwesten Tasmaniens ist eine nahezu menschenleere, ursprüngliche Wildnis, die zum großen Teil unter Naturschutz steht.

CRADLE MOUNTAIN-LAKE ST. CLAIR NP ⑯. Der 1610 Quadratkilometer große Nationalpark kann mit zahlreichen Seen, Wasserfällen, Schluchten, Hochmooren und einer beeindruckenden Gebirgslandschaft mit dem höchsten Berg Tasmaniens, dem Mt. Ossa (1617 m), aufwarten. Zwischen Cynthia Bay am Lake St. Clair und Cradle Valley (Cradle Mountain Lodge bzw. Waldheim Chalet) verläuft der Overland Track, der bekannteste Wanderweg Australiens. Etwa viereinhalbtausend Wanderer gehen ihn Jahr für Jahr. Für den 83 Kilometer langen Weg benötigt man durchschnittlich sechs Tage, mit Abstechern oder bei schlechtem Wetter bis zu zehn Tage. Unterwegs gibt es Hütten, die aber nicht bewirtschaftet und in der Zeit von Weihnachten bis Ostern oft überfüllt sind; ein Zelt gehört daher in jedem Fall zur Ausrüstung, ebenso ein Kerosin-Kocher. Offene Lager- und Kochfeuer sowie Barbecues sind im Nationalpark verboten. Ranger-Stationen befinden sich bei der Cradle Mountain Hut und an der Cynthia Bay. Der Lake St. Clair wird mit einem Fährboot überquert. Ein Spezialveranstalter (Cradle Huts, Launceston) bietet den Overland Track als Sechs-Tage-Tour an (maximal zehn Teilnehmer, zwei Führer). Die Gruppen übernachten in vier privaten Hütten, die von Hubschraubern versorgt werden, das bedeutet für die Wanderer leichteres Gepäck.

Der Frenchmans Cap Track beginnt am Lyell Highway, drei Kilometer westlich der Brücke über den Franklin River (Parkplätze am Highway, Bushaltestelle). In einer Kabelbahn setzt man über den Fluß. Frenchmans Cap ist ein 1443 Meter hoher spektakulärer Gipfel, der bis spät in den Sommer hinein noch Schnee trägt, aber auch ohne Schnee durch sein Quarzit-Gestein weiß erscheint. Der Frenchmans Cap Track ist durch steile Auf- und Abstiege und streckenweise schlammige Passagen mühsamer als der Overland Track. Unterwegs gibt es am Lake Vera und am Lake Tahune zwei Schutzhütten, die aber oft überfüllt sind, offenes Feuer ist verboten. Erfahrene Wanderer brauchen für den Hin- und Rückweg vier bis fünf Tage. An der Stelle, wo der Lyell Highway den Collingwood River kreuzt, etwa fünf Kilometer westlich des Frenchmans Cap Tracks, werden die Kanus und Rafts für Fahrten auf dem Franklin River eingesetzt. *8/9, 40, 41, 43, 46/47, 51*

SOUTHWEST NATIONAL PARK ⑱. Mit einer Fläche von 6050 Quadratkilometern ist er der größte Nationalpark Tasmaniens. Die gebirgige Landschaft mit Erhebungen von über tausend Meter (Mt. Anne 1425 m, Mt. Eliza 1289 m) wird geprägt von dichtem Regenwald, ausgedehnten »button-grass«-Flächen, reißenden Flüssen, einer kaum zugänglichen, felsigen Küste, aber auch einsamen Stränden und Lagunen. Große Gebiete dieses Parks sind noch »weiße Flecken« auf der Landkarte, unerforscht – *Never Never Land.* Der South Coast Track zieht sich über 85 Kilometer hin, überwiegend in der Nähe der Küste. Da keine Straße zum Ausgangspunkt der Wegstrecke führt, fliegen Wanderer vom Cambridge Airport in Hobart nach Melaleuca und gehen dann in fünf bis zehn Tagen

Abendstimmung am Lake Pedder im Southwest National Park.

nach Cockle Creek (Straßenanschluß, C 636). Außer einer Unterkunft in der Nähe des Melaleuca Airstrips gibt es keine Schutzhütten auf dem ganzen Weg. Das Klima ist milder als in den Highlands; es regnet viel. Die Campingplätze am Track liegen auf Torfboden, offene Feuer sind verboten, das ganze Gebiet ist «Fuel Stove Only Area» (Kerosin-Kocher). Der South Coast Track läßt sich kombinieren mit dem Old Port Davey Track, der am Scotts Peak Dam (Zufahrtsstraße von der Gordon River Road aus) beginnt und bei Melaleuca endet. Wegzeit: etwa fünf Tage, in der Kombination mit dem South Coast Track bis Cockle Creek gut zwei Wochen. Eine Ranger-Station gibt es in Strathgordon am Lake Pedder.

Ein Spezialveranstalter (Tasmanian Outdoor Experience, Launceston) bietet eine Drei-Tage-Tour an mit Flug nach Melaleuca, einer Schiffsfahrt im Port Davey- und Bathurst Harbour, Buschwanderungen und zwei Übernachtungen im Zelt. *41, 48, 51, 54, 55, 56/57, 62, 86*

FREYCINET NATIONAL PARK ⑲. Der 100 Quadratkilometer große Nationalpark liegt im südlichen Teil der gleichnamigen Halbinsel an der Südostküste Tasmaniens. Dünen, Steilküste, weiße Sandstrände, Heideland, rosa Granit, von der See poliert – eine freundliche Wildnis für Naturliebhaber und Wanderer, die sich nicht zu den «hardy few» zählen. Lodges organisieren Tages- und Mehrtage-Touren. Zum Beispiel die Freycinet Lodge, die eine Tagestour (10 km) auf dem Isthmus Track und zur Wineglass Bay (atemberaubend schön!) oder eine Zwei-Tage-Tour (etwa 30 km) auf dem Peninsula Track & Mt. Graham Circuit anbietet. In der Friendly Beaches Lodge kann man eine Fünf-Tage-Tour buchen mit Buschwanderungen, Schiffsfahrten und Ausflügen in einem Geländewagen, übernachtet wird in zwei festen Camps. *2/3, 28/29, 31*

NATURSCHUTZ

Das «unschätzbare und unersetzliche» Gut Natur wird in Tasmanien sehr ernst genommen, nicht nur von den damit befaßten Behörden (das Department of Parks, Wildlife and Heritage, The Bush and Mountaincraft Board usw.), sondern auch von den «Benutzern». Umweltbewußtes Denken und Handeln sind keine Vokabeln aus Sonntagsreden, sie sind fester Bestandteil des täglichen Lebens.

Für das Verhalten in Nationalparks und auf den Tracks gibt es eine Reihe von Bestimmungen, die den Schutz der sonst gefährdeten Natur langfristig gewährleisten sollen. Offene (Lager-)Feuer sind auf fast allen Tracks verboten, die Alternative sind Kerosin-Kocher. Welche Schäden Buschfeuer anrichten, sieht man auf dem Frenchmans Cap Track. Camps sollten auf bereits vorher benutzten Plätzen, 30 Meter von Wasserläufen und vom Track angelegt und nie länger als zwei Nächte benutzt werden. Kochtöpfe sollten 50 Meter von stehendem oder fließendem Wasser abgewaschen werden, am besten mit Sand. Abfälle, Verpackungen, selbst organische Materialien wie Eier- oder Apfelsinenschalen sind – in Plastik verpackt – wieder mitzunehmen («Take your litter home!»). Essensreste dürfen nicht vergraben werden. Dagegen müssen Fäkalien 100 Meter von Camps und Wasserläufen wenigstens 15 Zentimeter tief eingegraben, aus alpinen Zonen sogar mitgenommen werden, da Löchergraben die Wurzeln der langsam wachsenden Pflanzen schädigt oder völlig zerstört.

Die Beliebtheit von Buschwanderungen und die wachsende Zahl von Wanderern wird auf den stark frequentierten Strecken (zum Beispiel Overland Track) über kurz oder lang die Einführung von Tages- bzw. Wochenkontingenten notwendig machen.

Der rund 50 Kilometer lange Ocean Beach an der tasmanischen Westküste ist am Wochenende beliebtes Ziel für Fischer und Four-Wheel-Driver.

Die Solomons Jewels im Walls of Jerusalem National Park nördlich des Lake St. Clair. »Juwelen« nennt man hier die kleinen Seen.

Naturdenkmal auf der Tasman Peninsula: Das Tessellated Pavement, eine wie aus Pflastersteinen zusammengesetzte Felsplatte.

Vor der Überquerung des Rivulet, einem Fluß an der Südwestküste Tasmaniens, der den South Coast Track kreuzt.

ZUR SCHNELLEN ORIENTIERUNG – STICHWORTVERZEICHNIS

Kursive Seitenzahlen verweisen auf Abbildungen.

Lavendel soweit das Auge reicht: Farm nordöstlich von Launceston.

Gelbhaubenkakadu.

Strahan ist die einzige Hafenstadt an der Westküste Tasmaniens.

Clemens Emmler, seit 1990 als freier Fotograf und Buchautor tätig. Schwerpunktthemen: Südpazifik, südliches Afrika. Mehrere Reisen nach Australien und Tasmanien. Er ist Mitglied der Fotoagentur LAIF in Köln.

Florentine Schwabbauer, geboren 1952, arbeitet als Lektorin in einem Münchner Verlag. Die Ursprünglichkeit Tasmaniens erforscht die fotografische Autodidaktin auf ausgedehnten Trekkingtouren durch den Regenwald.

Karl Maute, geboren 1934 im Schwäbischen. Autor und freier Journalist. Ist seit über 40 Jahren immer wieder unterwegs in Australien, Asien und Afrika. In der Zeit dazwischen lebt er bei Frankfurt.

TEXTNACHWEIS

Captain William Bligh/Dr. George Hamilton, Meuterei auf der Bounty und die Piratenjagd der Pandora, Edition Erdmann in K. Thienemanns Verlag, Stuttgart, 1983: S. 1
Die Themen-Essays verfaßte Karl Maute.

BILDNACHWEIS

Clemens Emmler, Simonswald: 2/3, 4/5, 8/9, 9, 10/11, 12/13, 14, 15, 16 (2), 17, 18 (3), 19, 20/21, 22 (3), 22/23, 23 (2), 24, 25 (3), 26 (3), 27, 28/29, 30, 31 (3), 32 (2), 33 (2), 34 (3), 35 (2), 36/37, 40, 42 (2), 43 (2), 45 (2), 52, 53 o., 59, 60/61, 62 u., 64 o., 64 3. von o. und u., 65 (2), 66 (3), 67 (4), 68 l.o., 70 (2), 70/71 o., 71 (3), 72 (2), 72/73, 73, 74 (3), 75 (2), 76 (3), 77 u. (2), 78/79, 81, 84/85.
Florentine Schwabbauer, München: S. 1, 6/7, 8, 41 (3), 46/47, 48 (2), 49 (3), 50 (2), 51 (2), 54 (2), 55 (2), 56/57, 58, 62 o., 64 2. von o., 68 l. (2), 68 M.o., 68 r. (2), 69 l. (2), 70/71 u., 78 (2), 80, 82/83, 86.
Archiv für Kunst und Geschichte, Berlin: S. 38 o.
Wolfgang Bittmann, Heidelberg : S. 53 u., 68 M.u.,
Michael Boyny, München: S. 68 M. 2. von o.
Image Library, Sydney: S. 38 u. (2), 39, 44 (3), 69 r.
Bernhard Leimbeck, München: S. 42 u.
Okapia/Ted Mead, Frankfurt: 77 o.

Clemens Emmler dankt MINOLTA für die freundliche Unterstützung.

Die Karten auf den Seiten 63, 73 und 79 zeichnete Astrid Fischer-Leitl, München.

Die meteorologischen Daten der Klimatabelle auf Seite 64 lieferte der Deutsche Wetterdienst, Seewetteramt Hamburg.

Alle Angaben dieses Bandes wurden vom Autor sorgfältig recherchiert und vom Verlag auf Stimmigkeit und Aktualität geprüft. Allerdings kann keine Haftung für die Richtigkeit der Informationen übernommen werden.
Für Hinweise und Anregungen sind wir jederzeit dankbar.
Zuschriften bitte an den Verlag C. J. Bucher, Lektorat, Goethestraße 43, 80336 München.

Wir danken allen Rechteinhabern und Verlagen für die Erlaubnis zu Nachdruck und Abbildung. Trotz intensiver Bemühungen war es nicht möglich, alle Rechteinhaber zu ermitteln. Wir bitten diese, sich an den Verlag zu wenden.

BEGEGNUNG MIT DEM HORIZONT · TASMANIEN

Konzeption: Axel Schenck
Lektorat: Georg Hohenester, Dieter Jung
Bildlegenden: Heinz Gmelch
Bildgestaltung: Joachim Hellmuth
Bilddokumentation: Maria Guntermann
Graphische Gestaltung: Angela Drees
Herstellung: Kristina Kaiser, Angelika Kerscher

Technische Produktion: Fotosatz Ressemann, Hochstadt; Layout & Graphik 1000, München; Westermann Druck GmbH, Zwickau

© 1996 by Verlag C. J. Bucher GmbH, München
Alle Rechte vorbehalten
Printed and bound in Germany
ISBN 3 7658 1117 3